Ein Stern zeigt dir die Tür

Geschichten und Erinnerungen zur Weihnachtszeit

Zusammengestellt von Hildegard Küßner

BRUNNEN
VERLAG GIESSEN · BASEL

Umschlagmotiv: Premium, Düsseldorf
Umschlaggestaltung: Ralf Simon
Satz: Brunnen DTP
Herstellung: Wiener Verlag
ISBN 3-7655-1688-0

Inhalt

Daniel von Czepko
Ein Stern zeigt dir die Tür 11

Marie Hamsun
Der Stern der Weisen 12

Reinhold Schneider
Tröstliche Kindheit 20

Rudolf Alexander Schröder
Weihnacht 25

Johannes Urzidil
Der Schattenspieler 26

Josef Reding
Mister Larrybees Leuchtturm 41

Jean Anouilh
Das Lied vom verlorenen Jesuskind 50

Stanislav Lahodny
Bethlehemer Apokryph 51

Hilde Heisinger
Die Anbetung der Fischer 54

Weihnachtsgedanken eines alten Zigeuners 57

Erna Taege-Röhnisch
Adventskrippe 59

Walter Bauer
Hol deinen Bruder an den Tisch 60

Brief aus Stalingrad
Abendmahl Weihnachten 1942 65

Gottfried Unterdörfer
Dem Hochhaus gegenüber 66

Hans Lipinsky-Gottersdorf
Stern der Unglücklichen 69

Phil Bosmans
Ein einziges Wort 83

István Szamosközi
Der Gang nach Bethlehem 84

Dieter Stork
Ankunft 88

Hilde Heisinger
„Kun joulo on – Wenn Weihnachten ist . . .“ 91

Rudolf Otto Wiemer
Licht aller Welt 99

Manfred Hausmann
Martin entdeckt den Weihnachtsstern 100

Walter Benjamin
Ein Weihnachtsengel 103

Christine Busta
Was ich dir zum Advent schenken möchte 105

Gerhard Johann
Kalte Feiertage 106

John Nilsson
Irrfahrt im Schnee 110

Bertolt Brecht
Das Paket des lieben Gottes 118

Wilhelm Szabo
Altes Dreikönigslied 122

Maurice Cènelon
Weihnachten in Cordemais 123

Dino Buzzati
Die Nacht des 24. Dezember 128

Kurt Arnold Findeisen
Das Bornkindel bei den Bergleuten 133

Siegbert Stehmann
Der Stern 136

Quellenangaben 138

Daniel von Czepko

Ein Stern zeigt dir die Tür

O Mensch, willst du Gott sehn und seiner Liebe Bahn,
geh auf das Feld: das Heer der Hirten sagt sie an;
schau in die Luft: die Schar der Engel singt sie dir;
klopf an zu Bethlehem: ein Stern zeigt dir die Tür!
Tritt in den Stall: die Kripp umhüllt und schließt sie ein,
du musst Hirt, Engel, Stern, Kripp aber selber sein.

Marie Hamsun

Der Stern der Weisen

„Ottar ist so dumm", sagten die Schulkinder. In jeder Schule muss natürlich einer der Dümmste sein, und hier war es Ottar. Er war außerdem neu, ein kleiner Junge aus der Stadt, den seine Mutter in diesem kleinen Tal bei guten Leuten untergebracht hatte, da sie selbst krank geworden war und ins Sanatorium musste. Einen Vater hatte er nicht. Das wusste man schon.

Eines Tages hörte die Lehrerin diese Redensart, dass Ottar so dumm wäre. Einige Schulkinder standen zusammen und waren alle viel, viel klüger.

Da wurde die Lehrerin böse: „Still, Kinder!", sagte sie. „Ich glaube fast, Ottar ist der Klügste von euch allen. Er ist nur anders. Spielt nun schön und sprecht nicht schlecht von dem neuen Kameraden."

Es wurde ein wenig unruhig, und ein paar Kinder haben vorsichtig gelächelt. Denk mal: Ottar, der Klügste! Dieser Junge aus der Stadt, der kaum wusste, was vorn und hinten bei einem Schwein ist. Und bedeutete es gar nichts, dass er vor einigen Tagen die Apostel nicht richtig aufsagen konnte? Dann war es ja auch nicht notwendig, dass die anderen ihre Schularbeiten richtig konnten.

Auf dem Heimweg bekam Ottar es zu hören. Er war immer eine fremde Ameise im fremden Haufen, jetzt aber kannte er sie ein wenig, und er ahnte, es würde etwas geschehen. Doch versuchte er, sich nichts anmerken zu lassen. „Es scheint schönes Skiwetter über Weihnachten zu werden", äußerte er mitten im Schweigen der anderen.

Die Kinder fingen an, Schneebälle nach ihm zu werfen. „Haha", lachte Ottar und versuchte fröhlich zu sein. Da zielten sie besser und trafen ihn mitten ins Gesicht. Er lachte noch, aber mit Angst im Herzen.

Dann kam es: „Bah, wie heißt dein Vater?“, rief einer. Und alle stimmten ein. An und für sich waren alle nette Kinder, aber jetzt im Haufen war es etwas anderes. Ottar fing an zu laufen. Er lief, bis das Herz klopfte und der Hals ganz trocken war. Dann war er so weit weg, dass er die anderen nicht mehr sehen und hören konnte.

„Warum bist du wieder von den anderen weggelaufen?“, fragte verärgert die Frau auf Langset, wo Ottar wohnte. „Warum kannst du nicht mit Peter und Anna zusammenbleiben, dass wir alle auf einmal essen können? Weißt du nicht, dass man hier auf dem Lande schwer schuften muss, und doppelter Mittag ist doppelte Arbeit. Hier ist es nicht wie in der Stadt.“

Er sah sie an mit seinen merkwürdigen großen dunklen Augen, da konnte sie nicht mehr böse sein. „Ich kann ja in der Zwischenzeit den Kuhstall auskehren“, sagte er vorsichtig.

„Tu das mal, dann bist du tüchtig“, sagte sie milder. Sie wusste, dass der Junge von seiner Mutter verwöhnt worden war; aber er musste doch die Welt kennen lernen. Darum versuchte sie ihn verschiedene Kleinarbeiten zu lehren. Aber er fing an zu spekulieren und zu träumen und vergaß, wo er ging und stand. Es war, als wenn er in einer anderen Welt lebte, meinte sie.

Ottar ging über den Hof, wo der Schnee tief lag. Der Kuhstall gefiel ihm. Er war so freundlich. Und die Kühe waren so gut, sie guckten ihn an und machten Platz, dass er zwischen ihnen kehren konnte. Ich möchte lieber hier im Kuhstall schlafen, dachte er. Mit genügend Heu würde es schön sein. Da drinnen in seinem Bett hatte er oft böse Träume, dass er wach wurde, und er konnte nicht wieder einschlafen. Aber wenn die Kühe dalagen und ruhig atmeten, war alles Friede und Sicherheit.

Plötzlich wurde er durch ein Geschrei aus seinen Träumen geweckt. Es kam vom Ziegenstall. Eine kleine weiße Ziege wurde von den anderen von einem Horn zum anderen geworfen, sie schrie hilflos und verzweifelt. Ottar schrie auch. Er sprang unter sie, und es wurde auf einmal still. Die ganze Bande kam und wollte ihm die Hände lecken und suchte nach Salz. Ottar aber war so aufgeregt, dass er weinen musste. Er setzte sich nieder, mitten im Stall, die Arme um die kleine weiße Ziege und schluchzte.

„Warum kannst du nicht auf die Zeit aufpassen? Mutter glaubte, du wärest hier, um zu kehren."

Ottar sprang auf. Es war Anna, die sich eingeschlichen hatte. So, er weinte. Saß mitten im Schmutz und heulte. Jetzt hatte sie das gesehen. Es war wohl die Geschichte auf dem Wege nach Hause.

„Aber ich war nicht dabei", sagte sie mit ihrer kleinen scharfen Stimme. „Und Peter auch nicht. Es waren nur die anderen, denn Vater und Mutter haben gesagt, wir sollen nicht über dich lachen, weil du – so bist – ohne Vater also. Dafür kannst du ja nichts, verstehst du . . ." Sie wollte ihm die Hand reichen, aber er stand nur schnell auf und ging hinaus.

Anna guckte ihm nach. „So ein Wichtigtuer", murmelte sie.

Die anderen saßen schon am Tisch. Ottar musste dumm sein. Er war so einer, der bei den Kühen auskehren sollte und später weinend mitten unter den Ziegen gefunden wurde. Und er war schon neun Jahre alt, wie Anna, die eben mit einem energischen Ausdruck die heißen Kartoffeln auf den Tisch stellte. Sie und Peter und die anderen hatten helle Augen ohne Traum, sie waren schnell und tüchtig wie die Mutter und rötlich im Haar wie der Vater. Ottar saß und wusste sich schuldig, weil er anders war, als die Lehrerin gesagt hatte.

Ottar blieb sitzen, mit Augen, die weit weg waren:

Wenn ich nur einen Vater gehabt hätte, dachte er, dann wäre er nicht hierher geschickt worden, als die Mutter krank wurde. Sonst hatte es ihn nicht gekümmert, dass er keinen Vater hatte, nur hier im Tal war es so notwendig. Was einer hatte, musste der andere auch haben. Er musste an alles zu Hause denken, an die Tür mit dem kleinen Schild: Elise Pedersen, Waschen und Bügeln, an die kleine saubere Küche, an das Schlafzimmer, wo nichts gefährlich war, und an die Wohnstube, wo Mutter immer stand und bügelte: Hemden, Kragen, Gardinen, die sie erst im Keller gewaschen hatte. Er erinnerte sich, dass sie jung und hübsch war. Aber morgens war sie blass und hustete. Zuletzt war sie ganz krank geworden. Es war so traurig, aber wenn sie wieder gesund war, würde alles wie früher sein.

„Iss doch", sagte der Vater, „oder willst du nicht fertig werden?"

Ottar fuhr zusammen und schluckte schnell das Essen. Die anderen lachten.

Es war kurz vor Weihnachten. Die Weihnachtsbäume wurden aus dem Walde geholt, bald sollten sie geschmückt mitten in den Stuben stehen.

In der Schule erzählte die Lehrerin am letzten Tag vor den Ferien von dem Kinde, das in einem Stall geboren wurde, von den Hirten, die draußen im Felde ihre Ziegen hüteten und sahen, wie der Sternhimmel sich öffnete und von Engeln und Gesang erfüllt war. Sie erzählte auch von den drei weisen Königen aus dem Osten, die einen großen Stern sahen. Und wie sie dem wandernden Stern folgten, bis er stehen blieb über einem kleinen Stall in einem fremden Land. Die Kinder hatten alles schon früher gehört, aber sie saßen ganz still und horchten.

Ottar vergaß ganz und gar, wo er war, denn als die Lehrerin fertig war, ging er zu ihr hin und fragte: „Ist das alles ganz wahr?“

„Ja doch.“

„Auch mit dem Stern? Aber dann mussten sie wohl nachts wandern und tagsüber schlafen?“

Die Kinder lächelten. So benahm man sich nicht im Tal. Dort saß man still in der Schule und kam nicht mit unnötigen Fragen. Und Ottar, der so plötzlich aus dem Wunderland zurückgeholt worden war, ging beschämt zurück auf seinen Platz.

Auf Langset war es der Vater selbst, der den Weihnachtsbaum schmückte. Eine unendlich lange Zeit war er alleine da drinnen in der Stube, während die Mutter das Essen fertig machte und die Kinder nur saßen und warteten.

„Du wirst auch was bekommen“, sagten sie zu Ottar. Der lächelte. Alle waren heute so gut gegen ihn, aber er war von seiner eigenen Erwartung erfüllt. Er wartete auf einen Brief von seiner Mutter. Und in diesem Brief würde wohl stehen, dass es ihr jetzt besser ginge und sie bald nach Hause käme. Er war überzeugt, dass sie zu Weihnachten schreiben würde. Darum war er froh, dass er ausgeschickt wurde, um Holz zu holen. Da konnte er den Briefträger sehen, wenn er käme.

Der Brief war aber gestern schon gekommen, doch Ottar wusste das nicht. Er war nicht von seiner Mutter. Und die Familie auf Langset wollte erst darüber mit dem Jungen sprechen, wenn Weihnachten vorbei war. Dann musste es aber zu einer Änderung kommen, denn die Mutter hatte für ihn nur bis Weihnachten bezahlt. Und sie hatte bestimmt nichts hinterlassen, wovon für ihn weiter bezahlt werden konnte. Aber erst sollte er Weihnachten feiern können. – Als Ottar da in der Dämmerung das Holz hereintrug, war er einsamer, als er selbst wusste. Seine Mutter war kurz vor Weihnachten im Sanatorium gestorben.

Als er am Feuer vorbeiging, konnte er drinnen in der Stube den Weihnachtsbaum sehen und den Vater, der die Hände voll Glaskugeln und Kuchenmänner hatte. Es war eigentlich verboten, das schon jetzt zu sehen, und so blickte Ottar vorsichtig weg.

Da! – Da plötzlich sah er den Stern. Zwischen den Wolken segelte ein großer, heller Stern. Ottar blieb stehen, sein Herz klopfte. Konnte es wahr sein, wäre es . . . Jetzt verschwand der Stern wieder, aber im nächsten Augenblick tauchte er wieder auf und glitt langsam weiter, immer in derselben Richtung. Es musste der Weihnachtsstern sein. Der Stern der Weisen, der aus dem Osten kam und über den Himmel wanderte. Da war er wieder! Als Ottar sich darüber klar wurde, dass es der Stern der Weisen war, ließ er das Holz liegen, sprang aus dem Hof und den Weg entlang, so wie der Stern zeigte.

Solange er lief, versuchte er den Stern zu beobachten, aber er fiel und blieb im Schnee liegen. Als er wieder weiterlief, konnte er nur zwischendurch aufblicken, um zu sehen, dass die Richtung dieselbe war. Hier war es weit zwischen den Höfen, und der Weg lag wie ausgestorben. Die Höfe lagen ganz still, aber drinnen waren schon die Kerzen angezündet. Drinnen waren alle, die zusammengehörten, zum Weihnachtsfest versammelt. Vater, Mutter und Kinder. Nur Ottar lief einsam den Weg entlang. Aber daran dachte er nicht, auch nicht, dass er vielleicht auf Langset gesucht würde, auch nicht, dass es immer dunkler wurde. Auch den Brief von der Mutter hatte er vergessen. Er kannte nur ein großes Glück: Der Stern der Weisen strahlte wieder, und er strahlte für ihn. Wohin würde er ihn führen? Vielleicht zur Mutter oder zu einem Stall mit einem kleinen Kind – was wusste er? Mit klopfendem Herzen eilte er durch die kalte Winternacht.

Ottar war lange gelaufen. Er war in eine fremde Gegend gekommen. Vielleicht musste er sogar in ein fremdes Land wandern. Das würde schwierig werden, fühlte er. Denn jetzt fing er an zu frieren, und hungrig war er auch. Der Stern wanderte aber ruhig weiter von Süden nach Norden. Es schien nicht, als würde er über einem Hause oder einer Hütte am Wege halt machen. Ottar steckte die Hände in die Hosentaschen und wanderte weiter.

Inzwischen war es ganz dunkel geworden. Die Tannen am Wegrand standen immer dichter, und er merkte jetzt, dass auf beiden Seiten tiefer Wald stand. Er war früher nie nachts alleine im Walde gewesen, und wäre nicht der Stern gewesen, hätte er Angst gehabt. Er sah nochmals zum Himmel auf, aber er blieb stehen. Da oben war nicht mehr ein Stern allein, es waren eine ganze Menge. Und zwischen den Wolken, wo der Stern einsam gewandert war, zog jetzt eine große Schar Sterne denselben Weg. – Und plötzlich verstand er den unbarmherzigen Zusammenhang: Es waren die Wolken, die wanderten – und die Sterne standen still. Auch der Stern der Weisen stand still, er war nur größer als die anderen und heller.

Da brach etwas in ihm zusammen, die Spannung verschwand, das Wunder war nur Betrug. Brennend heiß an den Ohren, blieb er stehen, mitten im dunklen Wald, obwohl er vor Kälte zitterte. „Ottar ist so dumm, Ottar ist so dumm", schien es zu tönen, als er mechanisch den Weg fortsetzte. Jetzt umkehren und nach Hause gehen konnte er nicht. Dann musste er alles erklären.

Dennoch, eine halbe Stunde später lag Ottar in einem warmen Bett und erzählte alles einem Mann und einer Frau. Es war so geschehen: Nils und Oline saßen eben am Weihnachtstisch, als es vorsichtig an die Tür klopfte. Es hätte ein kleiner Vogel sein können. Der Hof lag am Wegrande, aber wer kam denn so spät am Heiligen Abend? Erstaunt sahen sie einen kleinen Jungen aus der Dunkelheit und Kälte in die Stube hereinkommen.

„Verzeihung . . . Ich weiß nicht, ob ich richtig gekommen

bin", stotterte er verwirrt. Hier war es aber so schön und warm, es roch so gut nach warmem Essen. Die beiden am Tisch sahen so freundlich aus, und in einer Ecke stand ein kleiner Weihnachtsbaum mit brennenden Kerzen. Es könnte doch vielleicht nicht richtig sein? . . .

Und doch war es richtig. Die beiden alten Leute hatten alles, was zu Weihnachten gehört, es fehlte nur so ein kleiner Ottar. Da stand er mitten in der Stube, hungrig wie ein Wolf, um vom guten Essen gesättigt zu werden, durchgefroren, um von ihnen aufgewärmt zu werden, und ebenso todmüde, um gleich ins Bett gelegt zu werden.

Unterdessen stellten sie ihm vorsichtig einige Fragen. Was er erzählte, ging ihnen so merkwürdig direkt ins Herz. Ein Kind, das so einsam war, dass es am Weihnachtsabend allein im Wald umherirrte, war zu ihnen gekommen. Und plötzlich, als er da im Bett lag und erzählte, fielen ihm die Augen zu, und er schlief fest ein.

Am nächsten Tag kam der Vater von Langset. Dort hatte es große Aufregung gegeben, als Ottar verschwand. Sie hatten überall gesucht, aber erst heute war man so weit nach Norden, zum Hof von Nils und Oline, gekommen. Und jetzt musste der Flüchtling wieder mit nach Langset kommen.

„Nein", sagte Ottar. Es kam ohne Überlegung, er sah erschrocken die anderen an und verschwand zwischen den Betten. Doch es gab keinen Streit, der Vater von Langset ging alleine nach Hause. Nils sprach lange mit ihm draußen im Gang, und es ist schwer zu sagen, wer zufriedener war: der, der ging, oder der, der zurückblieb.

„Jetzt haben wir eine kleine Stärkung nötig", sagte Mutter Oline, holte Kaffee und Kuchen und schenkte ein. Vater Nils kam und setzte sich auf die Bank. Man sah, dass er ein Freund von Kaffee und Weihnachtskuchen war.

Ottar hatte schon seinen festen Platz neben ihm. Er saß

mit seinem großen Stück Kuchen in der Hand und vergaß zu essen. Sein Blick ging mehr und mehr in die Ferne.

„Jetzt musst du essen, Junge, dass du groß wirst wie ich", sagte Nils.

Da sah Ottar auf: „Ich sitze nur und denke, ob ..."

„Ob was?"

„Ich denke, ob es nicht doch der Stern der Weisen war."

Reinhold Schneider

Tröstliche Kindheit

Wunderbares Dunkel dieser Tage! Wenn der Nebel die Fenster umdüstert, die Bäume wie Schatten in ihm stehen und die Sonne unsichtbar bleibt und die Vögel draußen sich nur noch ganz leise melden wie aus einem anderen Reich – dann muss es doch gelingen, an den entsetzlichsten Schmerzen, den furchtbarsten Bildern vorüber einen Weg in die Kindheit zu finden.

Die Erinnerung soll keine Flucht sein, kein Untergehen in der Trauer um Unwiederbringliches; aber wir bedürfen des Besten und Reinsten aus unserem Leben, wenn wir der Zeit nicht erliegen sollen. Wir müssen in die Tiefe der Vergangenheit hinab, wo wir einmal reines Wasser schöpfen durften; es wird uns wieder erquicken.

Wahrscheinlich ist die Zeit der Kindheit in Wahrheit das nicht gewesen, als was sie uns heute erscheint; aber etwas ist unbezweifelbar geblieben als Licht vom Lichte, der Strahl aus einer anderen Welt; es ist das Licht des Weihnachtstages; könnten wir es wieder empfangen, so würden wir auch erfahren, dass es dieselbe Kraft hat wie einst, wenn es nur in uns zu leben beginnt, vielleicht als das Beste, was uns in Menschen begegnet ist.

Das Haus lag einsam im Winter; unter dem nahen Ruf der Käuze, dem fernen des Uhus schliefen wir ein. Wenn wir am Morgen erwachten, kniete Josef vor dem Ofen. Die aufflackernden Scheite warfen einen seidigen Glanz über seinen blonden Doppelbart, sein schönes, fremdes Gesicht. Wir dachten nicht daran, dass es dasselbe Gesicht war, das uns, unter einem alten, pelzbesetzten Fußsack hervor, der als Mütze diente, furchtbar bedroht hatte, wenn Nikolaus unter Kettengerassel die Treppen zum Vorraum heraufgestampft war; es war ganz unmöglich, Josef und den heiligen Nikolaus zueinander in Beziehung zu setzen. Und auch was sich Josef nun sonst im Hause zu schaffen machte, rührt nicht an das Geheimnis dieser Tage, mochten wir ihn hämmern hören in dem verschlossenen Eckzimmer oder auf der Treppe mit unförmigen Paketen überraschen.

Um diese Zeit wurden alle Räume des Hauses wunderbar, namentlich die vielen unbewohnten, die mit lange nicht mehr benutzten Möbeln und Bildern angefüllt waren, und vor allem ein großer, völlig fensterloser Raum in der Mitte des Erdgeschosses. Es war, als webte sich in diesen Gelassen, ihrem Dunkel und ihrer Stille das Geheimnis, das langsam das ganze Haus durchdringen sollte.

Draußen, in dem bereiften Garten, trug der Gärtner, ein kleiner, emsiger Mann, die edelsten Tannenzweige zusammen; vom Lande kamen die Frauen und Kinder; drei- oder viermal des Tages stieg der Briefträger in unsäglicher Geduld durch den Garten herauf. Jetzt kamen auch die leichten, aus Bambus gefertigten Körbe aus Nizza oder anderen südlichen Städten. Eine Wolke reinen, fremden Blumenduftes entwallte ihnen, wenn sie geöffnet wurden, und noch immer sehe ich die Mimosenbüsche im Vorfenster stehen. Die Sonne fiel durch die Eisblumen auf den Scheiben, dass sie blühten und tauten und vergingen, noch flüchtiger als die strahlenden Gewächse des Südens.

Oder der Schnee sank über Nacht auf den Garten und beugte und breitete die dunklen Nadelbäume zu den wunderlichsten Formen auseinander. Wir wussten, dass Schnee gefallen war, noch ehe wir die Fenster öffneten, denn der Gärtner klopfte das Bahnholz an der Haustreppe ab; die Glocken klangen ferner, und bald bewegte sich auch das Klingeln des mit zwei Pferden bespannten Schneepflugs die Straße herauf. Jetzt waren Garten und Haus noch mehr auf sich selbst verwiesen; wir suchten im unberührten Schnee und meinten, bedeutungsvolle Spuren finden zu müssen.

Litten wir es vor Ungeduld nicht im Hause, so flüchteten wir in den Pferdestall im Erdgeschoss des Gärtnerhauses. Dort pflegte der Gärtner empfindliche Pflanzen für den Winter zu verwahren; der Kanonenofen glühte, wir warfen uns in die Krippen aufs Heu und verzehrten die Gaben des heiligen Nikolaus, umschmeichelt von der feuchten Wärme der atmenden Pflanzen, vom Zauber des kleinen, aus mächtigen grünen Kübeln aufgesprossenen Palmenhains, während die Flocken die Fenster verhüllten und die Eintretenden sich den dicken Schnee von den Schuhen klopften. Dort, am Gärtnerhause, stand die Silberpappel, von der nachts der Uhu rief; ich hatte ihn nie gesehen, nur immer schaudernd im Bett gehört und stellte ihn mir als einen majestätischen Vogel vor mit mächtig glühenden Augen.

Die Mutter fehlte an den Nachmittagen und auch an den Abenden und blieb schließlich fast den ganzen Tag in dem verschlossenen Eckzimmer. Der Vater hielt auch jetzt an seinem sorgsamen Tagesplan fest. Nur am späten Abend, wenn er von der Stadt zurückkam, wurde er für eine weihnachtliche Überraschung in Anspruch genommen, die ihm freilich nie glücken wollte; er sollte, während er an unsere Betten trat, irgendein Vorgeschenk des Christkindes, ein Zuckerhäuschen oder einen Engel, ins Zimmer schmuggeln. Er tat es umständlich. Es war ihm nicht gegeben, irgendetwas zu verbergen oder heimlich zu tun. Aber sobald er das Zimmer verlassen hatte, bemächtigten wir uns der Überraschung und nahmen sie für ein Wunder.

In dieser Zeit des Wartens und der Vorbereitung, da die Hausordnung doch ein wenig in Gefahr kam, übernahmen die alten treuen Anverwandten ein wichtiges Amt; mit unendlicher Geduld ertrug eine alte Tante unser Ungestüm, schälte sie Äpfel und Nüsse mit uns, oder sie half uns den Baumschmuck bereiten für ein Bäumchen, das wir selber schmücken und in unser eigenes Zimmer stellen durften.

Am Weihnachtsabend gingen wir alle mit dem Vater in unsere Kirche; der Weg durch den Garten hinab – auf dem wir hinter uns noch die unberührten Herrlichkeiten bereit wussten – und dann der Heimweg dem schweigenden, dunklen Haus entgegen wurden in beseligter Ungeduld bestanden. Dann warteten wir jenseits des Vorraums, bis die hohe Tür des Eckzimmers sich auftat und der Vater in ihr stand im feierlichen schwarzen Anzuge und hinter ihm die von der Mutter gebaute oder vielmehr gedichtete Krippe aufstrahlte im Schimmer ihrer Lampen und des noch nicht sichtbaren Weihnachtsbaumes.

Und dieser Anblick des Vaters ist eigentlich das Unvergängliche des Festes gewesen für die ganze Lebenszeit; denn in diesem Augenblick war er ganz von Liebe umleuchtet, wie niemals in seinem Leben. Etwas Ernstes muss ihn bewegt haben. Aber er sprach nicht von heiligen Dingen. Und doch stand er in einem Glanze, den Menschen nicht auf die Erde gebracht haben.

Und vielleicht ist dies sein Bild, das am Weihnachtsabend aufstrahlte, sein eigentliches Wort an mich, das mich über die vielen Jahrzehnte erreicht. Haus und Garten sind verloren –

oft träume ich mich zurück, dass ich noch einmal als Knabe die Treppe hinaufschritte, ein Gast aus einem fremden, völlig untergegangenen Reich; die Menschen, die das Haus betreut haben, sind entschwunden, und die Formen alle, auf denen unser Leben sicher zu ruhen schien, sind zerfallen; nur die Wälder stehen über der Heimat wie zuvor, und viele der Bäume im Garten könnte ich noch als Bekannte grüßen.

Näher aber als alles Glück der Kindheit, dessen Fülle mich immer beschämen wird als einen Undankbaren, bleibt mir der Vater, dessen fürsorgliche Güte sich wortlos aussagte zwischen den geöffneten Türen, nun, da wir ihnen zuschritten mit den Verwandten und den Menschen allen aus dem Hause, während die Mutter sichtbar wurde neben dem Weihnachtsbaum. Mein Vater hatte nur dieses Wort seines Wesens: einzuladen in die Freude, die seine treue Arbeit bereitete, die er als redlicher Verwalter errungen hatte. Und dieses Wort möchte ich mitnehmen und immer weitertragen, heute und morgen; es ging aus einem großen Ernst hervor und wagte nur einmal im Jahr die Liebe unmittelbar mitzuteilen, die Gott in diese furchtbare Welt getragen hat.

Dass uns einmal ein ganz reines Bild des Göttlichen im Menschen geschenkt werde, ist alles: es geschieht so oft unter Umständen, die wie Träume sind. Ward es uns aber geschenkt, so müssen wir es festhalten; wir sind ihm verpflichtet und haben kein Recht mehr zu glauben, dass der Mensch verloren sei – selbst wenn das Weihnachtszimmer der Kindheit uns so weit entrückt wäre vom Grauen der Erde, dass es mit dem Einladenden uns heute erschiene wie die Schwelle des ewigen Lebens.

Der Text ist 1945, nach dem Ende des Zweiten Weltkrieges, geschrieben. Das „Haus“ der Kindheit ist das Hotel der Familie in Baden-Baden.

Rudolf Alexander Schröder

Weihnacht

Im Dunkeln tret ich gern hinaus,
die Sterne schaun zunacht.
Sie halten über jedem Haus
vieltausendfältige Wacht.

Vieltausendfalt die schöne Schar,
die gleiche je und je.
Und führt mich durch das runde Jahr
wie meine Väter eh.

Da such ich, den ich nie gesehn,
den Einen für und für,
ob er mir winke, nachzugehn
bis vor Marien Tür.

Johannes Urzidil

Der Schattenspieler

Seit die große Königin Elisabeth regiert hatte, war Cynthia, der Beiname der jungfräulichen Artemis, volkstümlich für Mädchen in England. Die Cynthia der Begebenheiten, von denen nunmehr erzählt wird, war das fünfjährige Kind eines Kohlenhäuers im Dorfe Sudley. Dieses Dorf liegt in einer freundlichen Talsenke jenes westenglischen Waldgebiets, das Forest of Dean benannt ist.

Es war während des Krieges, und es war ein reichlich kalter Winter für englische Verhältnisse. Die Schafe, um sich warm zu halten, drängten sich auf den Hängen und an den Waldrändern zu dichten Massen zusammen. Auf den obersten Gipfelhöhen lag Schnee. Selbst der Esel Enoch, der zum Gesamtbild des Dorfes Sudley gehörte und sonst allerwärts herumstrolchte, um an verspätetem Kräuterich, Distelzeug und an den Hecken herumzuknabbern, war in dieser Kälte nicht mehr zu sehen.

Jeden Abend kamen die deutschen Bombenschwadronen geflogen. Vermutlich hatten sie es zwar nicht geradezu auf Sudley abgesehen – obwohl manche Leute behaupteten, der ganze Krieg würde nur um Sudleys willen geführt, und hiermit gar nicht so unrecht hatten –, aber sie, die Deutschen, kamen gewisslich an jedem Abend und bombten die großen Städte in der Runde. Ob sie wohl am Weihnachtsabend und Weihnachtstag auch bomben würden? Sicher, sagten die einen, die sind zu allem imstande. Vielleicht doch nicht, sagten die anderen, schließlich sind sie ja auch Menschen, und etliche von ihnen haben doch auch ein Herz im Leibe. So beiläufig teilten sich die wenigen Bewohner von Sudley in zwei Parteien.

Eines war sicher: Das „Blackout“ musste in jedem Fall strikt eingehalten werden. Kein Licht nach Eintreten der Dunkelheit, ob nun Weihnachten oder nicht, sagte der Vikar. Die Kinder, ja die Kinder, die sich im Dorfe auskennen, mochten wie immer von Tür zu Tür gehen und ihre Carols singen; aber dass nur jede Hausfrau beim Türöffnen darauf Acht habe, dass nicht der geringste Lichtschein sichtbar werde. Das Jesuskind sei das einzige Licht der Welt. Jedes andere müsse man jetzt abblenden.

Cynthias Mutter, Violet, hielt schon seit gut vier Wochen den Pudding in einem großen Steinguttopf im Schuppen bereit. Er war oben mit einer harten Talgkruste gesiegelt und der ganze Topf in Tücher verpackt. Das war eine uralte Methode, und überhaupt war das Zubereiten des Puddings ein weitläufiges Zeremoniell, beginnend mit dem Einkauf vielfältiger Ingredienzien und Gewürze und langwierig durchgeführt unter mancherlei Besprechungen mit den Nachbarsfrauen. Angeschnitten wurde der Pudding nicht am Weihnachtsabend, sondern am Weihnachtstag, und man verspeiste ihn dann mit Brandysauce, woran sogar die kleine Cynthia schon erheblichen Geschmack fand.

Sie war ein ungewöhnlich gescheites Kind mit ausgeprägten und selbst gestalteten Ansichten. Wenn man ihr etwa bei irgendeiner ihrer kleinen Missetaten sagte: „Sei brav, Cynthia!“, so konnte sie antworten: „Well, ich bin nur ein kleines Mädchen. Nicht jeder kann brav sein, zumindest nicht jeden Tag, du meine Güte!“ Das „du meine Güte“ hatte sie von Granny Sargeant aufgeschnappt, Großmutter Sargeant, die am anderen Ende des Dorfes wohnte.

Aber sie sagte viel mehr, als sie bloß aufgeschnappt hatte. So apostrophierte Cynthia zum Beispiel eine Besucherin, die ihrer Mutter Violet die üblichen wichtigmacherischen Fragen stellte, als da sind: „Wie alt ist denn das kleine Mädchen?“, und „Ist sie denn ein braves Mädchen?“, und „Geht sie denn auch schon zur Schule?", und ähnliches – diese Frau apostrophierte sie mit den Worten: „Komisch, diese erwachsenen Leute, die ihre Nasen in die Angelegenheiten der Kinder stecken!" So war Cynthia mit fünf Jahren.

Es kam also der Nachmittag vor dem Weihnachtsabend. Seit drei Tagen schon war es kälter und kälter geworden, immer näher war der Schnee längs der Abhänge gegen das Tal herangekrochen, immer dichter hatten sich die Schafherden verknäuelt, im Garten hatte der Frost die letzten Kohlköpfe und Kohlsprossen glaciert, und jetzt schneite es schon seit drei Stunden schwere und dicke Flocken.

Mrs. Roscoe – das war der Familienname Violets und Cynthias – hatte bereits ein erhebliches Quantum der Freikohle verfeuert, die ihr Mann Erny vom Bergwerk zugewiesen erhielt. Es waren tiefschwarze glänzende Blöcke, glasig wie Fett. Wie die meisten Menschen in England hatten die Roscoes in jedem Raum ihres kleinen Hauses einen Fireplace, aber sie hielten sich hauptsächlich in der Küche auf, wo man entweder direkt am Kaminfeuer oder in einem dem Backen dienenden seitlichen Einschub die Speisen zubereitete. An langen Stahlspießen toastete man über offener Flamme die Brotscheiben, während man rund um den Kamin saß, heiß an den Sohlen und frierend am Rücken. Von den Brotscheiben gab es kaum je eine, die nicht angekohlt gewesen wäre, aber die Roscoes – wie überhaupt die meisten Engländer – sagten einfach: „We like it that way", dasselbe, was sie auch zu vielem anderem sagen, was an sich vermeidlich wäre, was man aber als nationale Gepflogenheit betrachtet wie Erkältungen, Rheuma oder lauwarmes Bier. Ein Fremder versteht das nicht ganz leicht und sollte sich auch nicht bemühen, es verstehen zu wollen.

Es war also, wie gesagt, Weihnachtsnachmittag und starkes Schneetreiben. Trotzdem war Mr. Roscoe mit zwei Nachbarn nach Cinderford gegangen, wo man vorhatte, quer über eine flache Heide Stacheldrähte zu ziehen, um etwaige feindliche Landungen aus der Luft zu verhindern oder wenigstens zu erschweren. „Eine feine Beschäftigung für die Weihnachtszeit“, hatte Erny Roscoe gebrummt.

So war Violet Roscoe mit Cynthia allein im Hause und buk im Seitenschub des Kamins Rosinenmuffins, von denen etliche heiß und duftend bereits auf einem Brett lagen, als plötzlich das Pochen des Türklopfers vernehmbar wurde. Mrs. Roscoe öffnete, und vor der Tür im Schneegewirbel sah sie einen Mann stehen, nicht groß, nicht klein, nicht leicht, nicht schwer, mit unbekanntem Gesicht jedenfalls und daher weder zu Sudley noch zur nächsten Umgebung gehörig. Wie die Engländer es zu tun pflegen, trug er trotz des argen Wetters keinen Mantel, sondern nur eine dickere Jacke, um den Hals einen Wollschal und Lammfellhandschuhe an den Händen.

Auf die Frage, was er wünsche, entschuldigte er sich zunächst – und zwar in ziemlich mangelhaftem Englisch – wegen seines Pochens. Dann sagte er, er sei mit dem Autobus von London bis Blakeney gefahren, danach bis hierher gewandert und möchte weiter nach Coleford gehen. Da zweigten nun aber hier vom Dorfende drei unbezeichnete Straßen ab, und er würde gerne wissen, welche davon er nach Coleford zu nehmen habe.

Ein Mann, der zu Fuß nach dem zwei gute Wegstunden entfernten Coleford gehen wollte, wäre an sich schon eine Merkwürdigkeit gewesen. Denn wer wandert zu Fuß in England herum? Nicht einmal im Sommer tut das jemand, von ein paar abstrusen Freiluftfanatikern abgesehen. Und nun gar im Winterfrost, im Schneegestöber und in der anbrechenden Dämmerung eines Weihnachtsnachmittags. Dass aber ein solcher Mann in jetzigen Kriegszeiten auch noch unzureichend im Gebrauch des Englischen war, musste höchst verdächtig erscheinen. Möglicherweise mochte er gar ein deutscher Parachutist sein. Und eben wegen der Parachutisten-Gefahr hatte man ja auf allen englischen Landstraßen und Wegen die Wegweiser, Straßenzeichen und Meilenzeiger beseitigt, damit einfallende Parachutisten sich in dem unübersichtlichen Straßengewirr nicht auskennen sollten und, falls sie jemand nach dem Weg fragen würden, keine Auskunft bekämen; denn jeder war angewiesen, jeden Unbekannten, der sich orientieren wollte, kurzerhand nach der nächsten Police Constabulary zu senden.

Die Einwohner von Sudley pflegten solchen Fragestellern, die bislang immer nur in die Irre geratene englische Automobilisten oder Lastwagenführer gewesen waren, zumeist etwas hämisch zu sagen: „Wohin der Weg führt, weiß ich nicht. Ich bin selbst ein Parachutist."

Ein solcher Scherz verbot sich aber im Falle eines Nicht-Engländers. Denn da stand der fremde Mann, übrigens durchaus zivil und bescheiden und ohne sichtbare Waffen, und fragte nach dem Weg nach Coleford. So sagte Mrs. Roscoe ganz einfach: „Ich kann Ihnen leider keine Auskunft geben. Da müssen Sie schon erst zur Police Constabulary nach Yorkley gehen." Die kleine Cynthia stand dabei, aß von einem der eben frisch gebackenen Muffins und sah bald die Mutter, bald den Fremden mit großen Augen an.

Dieser jedoch fragte: „Und welche von den Straßen, ich bitte Sie, führt nach Yorkley?"

Violet Roscoe, in dieser Frage eine List vermutend, denn man konnte doch nicht wissen, ob dieser schlecht Englisch sprechende Mann nicht ein besonders hinterhältiger feindlicher Agent oder Parachutist war, dachte ein wenig nach und sagte dann: „Das kann ich Ihnen leider auch nicht sagen."

„Was also soll ich tun", fragte der Mann etwas ratlos. Er stand andauernd vor der Tür im Freien, in eisigem Wind und heftigem Schneefall, der auch in den schmalen Flur hereindrang.

„Was Sie tun sollen", sagte Violet Roscoe, „das weiß ich eigentlich nicht."

„Könnte ich vielleicht", schlug der Mann vor, „mit dem Constabler telefonieren, oder hätten Sie die Güte, es für mich zu tun. Auf meine Kosten natürlich."

„Telefonieren kann man hier nur vom Post Office", sagte Mrs. Roscoe, „aber das Post Office ist im Gemischtwarenladen von Mrs. Box und ist jetzt gesperrt, denn erstens ist heute Early Closing Day, an dem doch immer von ein Uhr mittags an gesperrt wird; und zweitens ist Mrs. Box zu ihrer Tante nach Cloucester gefahren und wird erst morgen früh zurückkommen."

Violet Roscoe war jetzt überzeugt, dass dieser Fremdling mit englischem Brauchtum und Wesen unvertraut war, denn er hätte sich zumindest des geheiligten Early Closing bewusst sein müssen, der an einem festgesetzten Wochentag stets einzuhaltenden Nachmittagsruhe.

Unter normalen Umständen hätte sie freilich einen jeden, der in solch eisigem Schneetreiben vor ihrer Tür gestanden wäre, hereingebeten, sowohl aus Artigkeit als auch weil ihr selbst das Stehen inmitten der sich immer wieder zur Türöffnung hereinwälzenden Schneewehen unbehaglich war. Diesmal jedoch wurde sie nicht so rasch mit sich selbst einig, denn einerseits hätte sie sich des unheimlichen Fremden gerne entledigt, andererseits aber machte sich in ihr die angeborene und durch Erziehung erhärtete englische Gastlichkeit fühlbar, so dass sie zaudernd stehen blieb und es nicht über sich brachte, dem Mann die Tür vor der Nase zuzuwerfen.

Es entstand also ein betretenes gegenseitiges Schweigen, um das herum der Wind pfiff, der Schnee gischtete, die Buchen vor dem Haus ächzten und die Stechpalmenhecken raschelten, als plötzlich die kleine Cynthia die Initiative ergriff und sagte: „Won't you come in?" Denn sie war gewöhnt, dies sagen zu hören, wenn jemand vor der Tür stand, und sie glaubte, die Mutter hätte es zu sagen versäumt.

„Thank you", sagte der Fremde; und Mrs. Roscoe konnte

sich nun keinesfalls mehr dazu entschließen, die vorlaute Einladung rückgängig zu machen und Cynthia bloßzustellen. Beängstigende Vorstellungen bedrängten ihr Gemüt, da sie beiseite trat, um nun den Mann einzulassen, nicht nur das wahrscheinlich Gesetzwidrige, Staatsgefährliche, ja fast dem Hochverrat Verschwisterte ihres Verhaltens, sondern auch Geschichten von Gräueln und Grausamkeiten, Kindermord und Vergewaltigung, begangen von feindlichen Eindringlingen in die Heimstätten friedlicher Menschen. Sie flehte den Himmel an, ihr Gatte Erny möchte doch so schnell wie möglich zurückkehren, um ihr Kind und sie selbst noch im letzten Augenblick zu retten. Aber mit der festen Haltung der Engländerin zeigte sie sogar ein freundliches Gesicht, denn dieser Mann war vermöge der Einladung Cynthias nunmehr zum Gast erhoben, und sie, Violet Roscoe, war nicht gesonnen, die traditionelle englische Gastfreiheit zu verletzen.

Sie bat den Gast in die Küche. Er warf auf das an der Wand hängende Jagdgewehr einen Blick, den Cynthia auffing und sagte: „Das ist geladen, denn Mr. Fuchs hat unsere Hühner besucht.“ Der Gast hatte hierzu nichts zu sagen. Mrs. Roscoe biss sich auf die Lippen. Es war schon düster geworden. Sie trat zum Fenster und zog vorschriftsmäßig erst den Blackout-Vorhang nieder, so dass es in der Küche stockfinster wurde und niemand niemanden sah. Dann entzündete sie die Petroleumlampe, atmete auf und bot dem Gast eine Tasse Tee an.

„Willst du nicht auch einen Muffin haben“, fragte Cynthia. „Sie sind ganz frisch.“

Der Gast lächelte und auch Violet Roscoe riskierte ein Lächeln, während sie von dem Brett einige Muffins auf einen Teller schob, den sie vor den Gast stellte.

„What's your name“, fragte das Kind mit strenger Miene. „Ich heiße Cynthia.“

„Verzeihung“, sagte er, erschrocken nach Violet blickend, „ich habe ganz vergessen . . . Ach, nämlich: Nelson ist mein Name.“

„Hui, Lord Nelson“, jubelte Cynthia und klatschte in die Hände.

„Nein, o nein“, sagte der Gast, „nur Frank Nelson oder eigentlich Franz Nelson.“

Ein zurechtgemachter Name, dachte Violet. Dieser Mann ist nicht nur kein Engländer, er wagt es sogar, sich Nelson zu nennen, wobei er überdies noch zugibt, nicht Frank, sondern Franz zu heißen. Ein Deutscher also. O Himmel! Und gerade mir musste das passieren.

„Ich heiße aber wirklich Nelson“, sagte der Gast, als ob er den Gedankengang Mrs. Roscoes erraten hätte.

„Also komm spielen, Lord Nelson“, rief Cynthia und breitete ein Linoleumtableau mit einem Wettrennspiel auf den Dielen vor dem Kamin aus. Sie brachte zwei kleine Zinnpferdchen und einen Würfel samt Becher. „Komm spielen, Lord Nelson! Ich hab’ den Schimmel und du hast den Rappen. Auf welchen wettest du und wie viel?“

„Einen Sixpence auf meinen Rappen“, sagte Nelson, der seinen Rock abgelegt hatte und auf dem Fußboden niedergekniet war. Dies beruhigte Violet Roscoe, denn sie sah jetzt zumindest, dass der Mann unter seinem Rock keine Maschinenpistole verborgen hatte.

„Drei Haselnüsse“, sagte Cynthia, „drei Haselnüsse auf meinen Schimmel“, und begann zu würfeln. Sie würfelten emsig wechselweise, die Zinnpferdchen rückten vorwärts oder mussten gemäß der Spielregel an gewissen Punkten wieder zurückfallen, um danach wieder über Hürden, Wasserläufe und andere Hindernisse vorwärts zu setzen. Schließlich siegte Cynthias Schimmel.

„Lord Nelson, du hast verloren“, jauchzte sie. „Wo ist der Sixpence?“

„Hier, hier ist der Sixpence", sagte der Gast.

„Was für ein Sixpence", hörte man jetzt die Stimme Erny Roscoes, der unvermutet aus dem Flur eingetreten war, noch eine Menge Schnee auf Schultern und Stiefeln. „Und wer ist der Gentleman", fragte er.

„Das ist Lord Nelson", rief Cynthia triumphierend, „und er hat einen Sixpence gegen meinen Schimmel verloren."

„Lord Nelson", sagte Mr. Roscoe kopfschüttelnd. „I do not understand."

Der Gast begann nun, seine Lage auseinander zu setzen. Er sei vom Kontinent, aber schon seit fast zwei Jahren im Lande. Er habe seine Papiere in Ordnung und auch seine Reiseerlaubnis. Er habe vor, in Coleford jemanden aufzusuchen, dem er schon seit langer Zeit verbunden, ja verpflichtet sei. Aber der Bus dorthin sei eingestellt wegen der Schneefälle. So habe er sich von Blakeney zu Fuß aufgemacht. Nun sei es spät geworden. Die Wege seien nicht bezeichnet, und so sei er hierher geraten. Vielleicht könne ihn Mr. Roscoe weiterbringen, nach Yorkley wenigstens, zum Constabler, wenn dies so sein müsste, oder irgendwohin, wo er übernachten könnte. Er würde alles begleichen und bäte um Verzeihung wegen der Belästigung.

„Kommt alles nicht in Frage", erklärte Erny Roscoe mit Entschiedenheit. „Erstens darf kein Ausländer nach Einbruch der Finsternis draußen sein. Sie wissen doch, dass Sie einer Curfew, einer Polizeistunde unterliegen. Zweitens kann kein Mensch jetzt durch den Schnee nach Yorkley gehen oder fahren, nicht einmal ich. Man hat Mühe, gerade noch innerhalb der Dorfes vorwärts zu kommen."

„Was soll ich nun aber anfangen?", fragte Nelson.

„Gar nichts", sagte Roscoe, „Sie müssen einfach bis morgen hier bleiben. Überdies werden jetzt jeden Augenblick die deutschen Bomber heransurren. Wie sollte man ohne Blendlicht durch dieses Schneetreiben dringen können?"

„Das mag stimmen", sagte Nelson. „Ich glaube übrigens nicht, dass die Deutschen heute kommen werden."

„So", sagte Roscoe, „warum denn nicht? Haben Sie vielleicht besondere Informationen?" In Roscoes Tonfall war etwas tief Misstrauisches. Woher sollte er wissen, dass die Mitteilungen dieses Menschen wahr, seine Papiere echt und seine Absichten redlich waren? Er nahm sich vor, ihn – soweit es ging – auf die Probe zu stellen.

„Nein", sagte Nelson, „ich habe keine besonderen Informationen, aber es ist doch Weihnachtsabend, und da glaubte ich, dass sogar die Deutschen . . ."

Bei den Worten „sogar die Deutschen" horchte Roscoe auf. „Woher stammen Sie denn", fragte er.

„Aus Deutschland", sagte Nelson.

„So, Sie stammen also aus Deutschland. Und Sie sind, wie ich Ihren Aussagen entnehme, von dort geflohen. Und Sie haben vermutlich dort alle Habe verloren. Und es sind möglicherweise dort etliche Ihrer Angehörigen und Freunde schuldlos umgekommen. Ist das nicht so?"

„Ja", sagte Nelson, „das ist so, wie Sie sagen."

„Und trotzdem glauben Sie, dass diese Deutschen am Weihnachtsabend auf unser Old England keine Bomben werfen werden. Warum glauben Sie das? Oder wissen Sie es vielleicht?"

„Das kann ich nicht so leicht beantworten. Aber man kann annehmen, dass auch die Deutschen an Weihnachten ihre Ruhe haben wollen."

„There you might have a point", gab Roscoe zu. Er hatte die Stiefel, die Jacke und auch sein Oberhemd abgelegt, dabei aber Nelson keinen Moment unbeobachtet gelassen. Dieser merkte das und hielt den Blick gesenkt. Roscoe stand vor dem aus der Küchenwand vorspringenden Waschbecken und begann nun mit Seifenwasser und Lappen Gesicht und Hände zu schrubben, wie er dies täglich tat, wenn er aus dem

Schacht heimkam. Heute hatte er zwar frei, aber mit den Stacheldrähten dennoch harte Arbeit gehabt, und überdies gehörte dies abendliche Schrubben für ihn zum Ritus des Lebens. Aber auch während er schrubbte, ließ er Nelson nicht aus den Augen. Cynthia hielt dem Vater das Handtuch bereit. Das gehörte zu ihren Gewohnheitsrechten.

Es wurde jetzt einige Zeit überhaupt nicht gesprochen. Violet war beschäftigt, für den Abendtee eine Cottage-Pie zurecht zu machen. Kaninchenhaschee von einem Ring Kartoffelbrei umschlossen, das Ganze im Ofen mit einer Kruste überbacken.

„Lord Nelson, ich möchte weiterspielen", verlangte Cynthia nach einer Weile.

„Genug gespielt", sagte der Vater. „Morgen ist Weihnachtstag. Da kannst du von früh bis Abend spielen."

Cynthia brummte ein wenig, packte aber dann gehorsam das ganze Wettrennen in eine Schachtel.

„Wen wollten Sie denn eigentlich in Coleford besuchen?", fragte Roscoe lauernd.

„Ja, wen wollte ich nur besuchen", sagte der Gast. „Ich bin jetzt ganz konfus geworden. Richtig! Eine Frau. Als ich sie das letzte Mal sah, vor etwas mehr als zwanzig Jahren, war es in einem Lazarett."

„Im ersten Krieg vielleicht noch?"

„Ja. Lyra Bennett hieß sie."

„Kenne ich nicht in Coleford. Violet, kennst du jemanden dort, der so heißt?"

„Nein. Aber ich kenne auch nicht alle Leute. Vielleicht hat sie seither geheiratet und ist längst fortgezogen."

Roscoe runzelte die Stirn. Der Gast sah nicht so aus, als hätte er schon im ersten Krieg gedient. Er mochte höchstens dreißig Jahre alt sein.

„Ich war damals elternlos und ein siebenjähriger Junge", sagte er, als hätte er Roscoes Misstrauen bemerkt und wollte es beheben. „Es war zu Ende des Krieges. Miss Bennett sorgte für mich.“ Und er setzte hinzu: „Es ist mir sehr peinlich, Ihnen zur Last zu fallen.“

„Don’t mention it“, antwortete Erny Roscoe. „Es ist nicht der Rede wert. Wir müssen uns nur darüber klar werden, wo Sie schlafen können.“ Diese Frage zu lösen war nun für Roscoe keineswegs einfach. Er sagte sich, dass er eigentlich während der ganzen Nacht wach bleiben und den fragwürdigen Besucher unter Aufsicht halten müsse. Denn nichts von dem, was dieser bisher vorgebracht hatte, konnte ohne weiteres als bare Münze genommen werden. Auch Spione und Agenten gaben sich als Opfer des Feindes aus, um sich in das Vertrauen von Engländern einzuschleichen. Unbewacht konnte dieser Mann nächtlicherweile Lichtsignale geben oder gar das ganze Haus als Fanal in Flammen setzen und sich nachher während der Verwirrung in die Wälder schlagen. Draußen war es bereits stockdunkel, und Roscoe wagte nicht einmal, das Haus jetzt zu verlassen, um etwa einen Nachbarn zu Rate zu ziehen. Eine Weile erwog er, Violet auszusenden, aber der nun zu Blizzardstärke ausgeartete Sturm brachte ihn von diesem Gedanken ab.

Räumte man dem Fremden droben die Kammer ein, so war er zwar isoliert und konnte nicht leicht fort, dafür aber war er imstande, von dort aus allerlei Gefährliches zu vollführen. Hier unten in der Küche oder im Wohnzimmer blieb er auch ohne jede Kontrolle und mochte überdies nach vollbrachter Übeltat sich einfach aus dem Staub machen, bevor die Familie oben im Schlafraum etwas merkte. Es blieb also anscheinend nichts anderes übrig, als den Mann die ganze Nacht über zu bewachen.

Aber Erny Roscoe hatte nicht die Natur eines Kerkermeisters. Im Grunde schämte er sich seines Misstrauens. Er war gewöhnt, bis zum Beweis der Unwürdigkeit jedem mit Vertrauen zu begegnen. Andererseits war Krieg, und Roscoe erfuhr in sich das von ihm noch nie erlebte Entsetzen einer

Gesamtverantwortlichkeit. Es war, als ob sich an dieser steilen Klippe die immer wieder herankommenden Wogen von Misstrauen unablässig brächen.

Roscoe überlegte, wie er dem Mann kleine Fallen stellen könnte, um sich seiner zu vergewissern. Es fiel ihm aber nichts ein. Cynthia jedoch, die derartige Fallen nicht erwog, stellte ihm unbewusst eine.

„Lord Nelson, how is your mummy", fragte sie. Roscoe griff diese Frage sogleich auf und setzte hinzu: „Ja, was hören Sie von den Ihren aus Deutschland?" Roscoe wusste, dass jede Art von Verbindung oder Korrespondenz mit Feindesland auch auf dem Umweg über neutrale Länder verboten war.

Der Gast machte ein erstauntes Gesicht. „Aus Deutschland? Wie sollte ich von dort etwas hören?"

Man setzte sich zum Abendtee. Der Cottage-Pie wurde aufgetragen. Cynthia sprach das Gebet. „For what we are going to receive the Lord God may make us truly thankful."

Als abgedeckt worden war, sagte Erny: „In unserer Gegend hier feiert man den Weihnachtsabend nicht besonders. Nur die Kinder gehen von Haus zu Haus und singen die alten Carols. Wenn der Sturm draußen aufhören würde, kämen sie vielleicht auch heute. Sonst ist nichts los. Das Fest ist morgen. Morgen empfängt man auch die Geschenke. Bei Ihnen, so sagt man, gibt es Tannenbäume mit Lichtern. Wir haben statt dessen einen Mistelzweig. Ja, den haben wir im Wohnzimmer an der Hängelampe."

„Wenn ich groß bin, Lord Nelson", rief Cynthia, „dann kommst du mit mir unter den Mistelzweig und dann . . ."

„Unsinn", schnappte Roscoe.

„Ja, ich weiß genau, was dann alles sein wird", ließ sich Cynthia nicht abbringen, die Hazel hat es mir erzählt."

„Die Hazel weiß auch nicht alles", sagte Violet. „Sie ist ein genauso kleines Mädchen wie du."

„Sie weiß alles", erklärte Cynthia, „und ich werde dann Lord Nelson heiraten."

„Was für Dummheiten sie redet", sagte Violet.

„Der Mistelzweig ist ein Zauberzweig", rief Cynthia. „Kannst du zaubern, Lord Nelson?"

„Zaubern?" Der Gast dachte nach. „Vielleicht", sagte er dann, „ein wenig."

„So zauber mir etwas, zauber mir etwas", jubelte Cynthia.

Der Gast setzte sich zwischen die Lampe und die weiße Wand. Er hob seine Hände und begann sie so zu stellen und zu formen, dass die hübschesten Schattenbilder auf der Wand erschienen.

„Pass auf, Cynthia. Wer kommt da? Siehst du den Mann? Es ist der alte böse Kaiser Augustus. Sieh, wie sein Mantel wallt. Und was tut er? Er zählt seine Untertanen. Eins, zwei, drei, vier und so fort. Sie müssen zum Abzählen alle in der Reihe stehen. Aber da, noch ziemlich weit in der Ferne, ist ein Haus. Siehst du das Haus? Es ist schon recht verfallen. Eigentlich ist es nur ein alter Stall. Aber wir wollen einmal sehen, wer darin ist. Es sind Menschen, die auch zum Abzählen gekommen sind, aber übernachten mussten. Und dabei ist ihnen ein Baby geboren worden. Und wer sind die Menschen? Da rechts steht der Mann. Er heißt Josef. Jetzt dreht er sich um und ruft einen Ochsen. So, da kommt der Ochse. Siehst du die Hörner? Und jetzt ruft er den Esel. Da ist er schon mit seinen langen Ohren."

„Der Esel Enoch, der Esel Enoch", rief Cynthia.

„Enoch? Meinetwegen. Er mag Enoch geheißen haben. Und da siehst du jetzt Maria. Sie neigt sich ein wenig nach vorn, denn sie hat das Jesuskind im Schoß. Siehst du, wie winzig es ist? Man kann eben noch den Kopf sehen."

„Lass es mich doch ganz sehen", bettelte Cynthia.

„Das ist nicht so einfach", sagte der Fremde. „Aber sieh nur hin, wie es den Kopf hebt! Es ist eben zur Welt gekommen und kann den Kopf schon hoch halten. Das will etwas bedeuten! Und jetzt kommen die Hirten und die Schafe, da siehst du sie herannahen, immer ein Hirt und ein paar Schafe. Aber oben darüber, siehst du, was da jetzt erscheint? Es ist ein Engel. Er hat große, gewaltige Flügel. Diese Flügel, sie strahlen in Wirklichkeit, und du siehst jetzt nur deshalb den Schatten, den sie werfen, weil das noch viel mehr strahlende Licht Gottes und der Ewigkeit auf diese Flügel fällt. Und in diesem unbeschreiblichen Glanz hört man den Engel rufen: ‚Ich verkündige Euch eine große Freude ... Friede auf Erden und den Menschen ein Wohlgefallen!'"

Der Gast schwieg, und es war eine kristallklare Stille. Selbst der Sturm draußen hatte sich gelegt.

„Sie können vielleicht oben in der Kammer schlafen", sagte Erny mit heiserer Stimme. „Die Deutschen scheinen ja heute wirklich nicht zu kommen. Seien Sie trotzdem vorsichtig mit dem Licht, Sir."

„Verlassen Sie sich darauf", sagte der Gast. „Mit Licht weiß ich schon Bescheid."

„Und morgen", sagte Erny, „morgen werden wir dann schon sehen, wie wir Sie nach Coleford bringen."

„Nein, nein, nein", rief Cynthia. „Lord Nelson muss hier bleiben. Unter dem Mistelzweig. Dann wird er mir täglich zaubern!"

„Niemand kann täglich zaubern", sagte Violet. „Du darfst dem Gentleman jetzt einen Gutenachtkuss geben."

„Merry Christmas", sagte der Gast und küsste Cynthia mitten auf den Mund.

„Merry Christmas, Lord Nelson! Aber du hast vergessen, etwas zu zaubern."

„Was denn?"

„Den Stern, Lord Nelson, den Stern!"

„Ja, den Stern", sagte der Lord. „Der Stern hat mir schon immer Schwierigkeiten bereitet. Um Sterne zu zaubern, dazu gehört freilich etwas ganz Besonderes. Das kennt nur der liebe Gott. Und auch dem ist es bisher nur ein einziges Mal gelungen."

Josef Reding

Mister Larrybees Leuchtturm

Der Tag versuchte sich an der Klippe festzuhalten. Alle verbliebene Helle versammelte sich im Gischt der Brandung. Dann trieb eine Welle das letzte Weiß gegen den Strand, wo die starke Nacht schon auf der Lauer lag, es zu verschlucken. Es gelang ihr nicht ganz; die Scheinwerfer eines Motorbootes schnitten Streifen aus der Dunkelheit.

Das Boot drängte sich gegen die Klippe, aus der schlank der Leuchtturm von Skarvetange wuchs, der tote Leuchtturm.

Ein Matrose setzte mit behänder Flanke über die Reling, zog das Drahtseil durch einen Stahlring. Ein zweiter schob von Bord eine schmale Gangway auf die Klippe. „Bitte, Mister Larrybee!", sagte er.

Der rundliche Mann in dem groß karierten Mantel knurrte nur: „Die Koffer."

„Geht in Ordnung!", sagte der Matrose. „Zwei sind schon oben. Der dritte wird von Tim hinaufgebracht."

„Na ja!", sagte Mister Larrybee und legte einen Schein in die Hand des Matrosen.

„Danke!", sagte der Matrose und schob die Banknote in

die Tasche. Er hatte sie gar nicht erst angesehen. Sonderlinge geben reiche Trinkgelder.

Vorsichtig trippelte der Großkarierte über den Laufsteg. Erst als er auf der Klippe stand, kam der zweite Matrose ebenfalls herüber, den weinroten Lederkoffer in der Hand.

„Hier, Tim!", sagte er zu seinem Kameraden.

„Darf ich vorangehen, Mister Larrybee?", fragte der Matrose Tim, ließ eine Stehlampe aufgrellen und übernahm mit der freien Rechten den Koffer.

„Aber nein!", wehrte Mister Larrybee ab. Er war freundlich dabei. „Hier bin ich Hausherr. Und ich zeige Ihnen den Weg." Der Großkarierte übernahm die Taschenlampe und ächzte sich die Stufen hinauf. Obgleich einige Plattformen zum Verschnaufen einluden, blieb Mister Larrybee nicht eher stehen, bis er die Stahltür mit der Aufschrift „Öllager" erreicht hatte.

Der Matrose schlug die Riegel zurück. Der Strahl der Lampe tastete sich durch den Raum. Jetzt knipste Mister Larrybee den Leuchtstab aus. Er brauchte ihn nicht mehr. Im Raum bullerte ein großer Kanonenofen. Tim hatte die obere Klappe geöffnet und so den kajütenartigen Raum mit einem wohligen Rot erhellt.

Für Minuten stand Mister Larrybee wie gebannt. Er ließ seine Blicke vom Klubsessel über den schafwollenen Teppich, vom Bücherregal auf die Konservendosen, von den Rumflaschen auf das Klappbett gleiten.

„Wir haben den Ofen schon vor einer Stunde angemacht, als wir die beiden Koffer raufbrachten. Die anderen Dinge, der Teppich und so, die sind schon seit zwei Wochen hier. Wie Sie es haben wollten. Alles nach der Skizze gestellt. Ist's so recht?"

„Ja", sagte Mister Larrybee.

„Und Sie wollen wirklich niemanden bei sich haben?"

„Nein!"

„Alles selbst machen, kochen und . . .?"

„Ja!“

„Na, dann . . .!“, stotterte der Matrose, „dann holen wir Sie am Tag nach Neujahr wieder ab, wie Sie angeordnet haben!“

„Gut!“, sagte Mister Larrybee.

Der Matrose Tim wollte noch etwas sagen, aber er schluckte es hinunter, zuckte mit den Schultern und sagte, so laut er es vermochte – und er vermochte es sehr laut: „Fröhliche Weihnachten!“

„Ja, fröhliche Weihnachten“, sagte Mister Larrybee trocken.

Rückwärts ging der Matrose aus dem Raum. Erst draußen wagte er es, mit dem Kopf zu schütteln.

Mister Larrybee stand noch so lange unbeweglich, bis das Motorboottuckern nicht mehr zu ihm heraufdrang. Dann ließ er sich schwer in den Klubsessel vor dem wütenden Kanonenofen fallen, öffnete den Kragen und sagte mit behaglichem Stöhnen: „Endlich!“

Wenn man es recht betrachtet, hatte Mister Larrybee sich den Leuchtturm bei Skarvetange nur wegen der fünfhundert Weihnachtskarten gekauft. Dabei muss man wissen, dass dieses halbe Tausend Grußkarten bereits aus dem sechsfachen Wust von drei Sekretärinnen ausgesiebt war. In diesem Berg, den Mister Larrybee nicht zu Gesicht bekam, verblieb alles Gedruckte, und war es auch mit Goldbuchstaben auf handgeschöpftes Büttenpapier gepresst.

Dennoch: mit unheimlicher Beständigkeit blieben allweihnachtlich etwa fünfhundert Karten, Briefe und Bilderbücher übrig, die handgeschrieben waren. Die Universität Boston, Massachusetts, entbot beispielsweise ihrem hochherzigen Stifter zum diesjährigen Weihnachtsfest die untertänigsten Wünsche. Zu Papier gebracht vom Dekan, Prof. Grandteeth, Ph.D., M.S.L.

Oder aus dem großen Kreis der Neffen und Nichten

kamen Briefe wie dieser: „Hallo, Onkel, altes Huhn! Ich wünsche Dir zwanzig Pfund Gewichtsabnahme zum Fest und mir einen Scheck von mindestens vierhundert Eiern (bin in Druck!). Dein Dich liebender Neffe Charly!" Oder – in parfümiertem Umschlag: „Deine alte Jugendliebe Olga in Shentenham denkt immer an Dich! Mit gleicher Post ein gehäkeltes Stuhlkissen!"

Die Sekretärinnen konnten nicht umhin, derartige Grüße, Wünsche und Bitten für Mister Timothee Larrybee zu bündeln und sie ihm am Morgen und Mittag des Vorweihnachtstages auszuhändigen: sieben dicke Ledermappen voller Egozentrik, mit Bumeranggrüßen – so nannte sie Timothee Larrybee –, die nicht viel anders hießen als: „Ich bin noch da!"

Außer der zeitlichen Last persönlicher Beantwortung – Namenszug unter Schecks zumeist – ärgerte den Herrn der „Brackley-Rubber" vor allem die Zumutung des Kitsches: Engelchen in puddingsüßem Rosa, schnapsnäsige Weihnachtsmänner und Tannenbäume in Leuchtfarbe. Und als sich in diesem Jahr der erste Reklamespruch auf Weihnachten bezog – das geschah schon Anfang Oktober –, wusste Mister Larrybee mit einem Mal, dass er an diesem Fest der Welt den Rücken kehren würde. Nein, nicht etwa durch Selbstmord, sondern durch Flucht.

Er hatte in einem Prospekt der Cunningham-Immobilien gelesen, dass zwei Leuchttürme an der Nordküste im September außer Dienst gestellt würden und zum Verkauf freistünden. Feuerschiffe und Radargeräte hatten die alten Steinriesen für die Seefahrt überflüssig gemacht. Ein Anruf Mister Larrybees bei den Maklern genügte, um sich den einsamsten Turm bei Skarvetange in Erbpacht zu sichern. Mister Larrybee war sogar bereit, sein Angebot beträchtlich zu erhöhen, als ihm mitgeteilt wurde, dass er in Konkurrenz mit einem Hotelier stand. Zwei Tage später lag in Larrybees Safe die Pachturkunde.

Alles andere war rasch erledigt. Im Oktober ließ sich

Mister Larrybee nach Skarvetange bringen, das Öllager ausräumen und nach seiner Skizze wohnlich machen. So wenig wie möglich sollte moderne Maschinerie in den toten Leuchtturm Einzug halten: keine Zentralheizung, kein Radio, kein Telefon. Mister Larrybee wollte zu Weihnachten allein sein. Er wollte zu sich selbst kommen.

Die beiden letzten Abwicklungsgeschäfte erledigte er vor fünf Tagen. Es gingen einige tausend Karten in Druck: „Bedaure sehr, nicht persönlich auf Ihre Grüße eingehen zu können. Bin erst Anfang nächsten Jahres wieder im Lande. Wichtige Punkte Ihres Briefes hoffe ich im Laufe der nächsten Monate erledigen zu können. Gezeichnet: Timothee Larrybee, Brackley-Rubber!"

Und dann packet er eine Blockflöte in den Koffer und einen Packen Noten. Außerdem eine Reihe von Büchern, die er schon seit Jahrzehnten lesen wollte. Hinzu kamen zwei Kisten Zigarren, die der Arzt ihm verboten hatte, weil sie zu schwer, schwarz und nass waren.

Von einer dieser Zigarren entfernte Mister Larrybee jetzt die Zellophanhülle, setzte den Abschneider an das Mundstück und drückte zu. Er hielt einen Fidibus ins Ofenfeuer und zündete die Brasil sehr langsam an.

Als herber, kräftiger Duft im Raum steht, füllt Mister Larrybee Kohlen nach und stellt den Aluminiumtopf auf die glühende Platte des Kanonenofens.

„Was ist das nun, Weihnachten?", fragt sich Mister Larrybee laut.

„Vielleicht war es durch die Karten, die ich zu schreiben hatte, in den letzten Jahren verschüttet worden." Und er denkt, weil er sich schämt, es laut zu sagen: Vielleicht kommt etwas von jenem Weihnachten bei uns zurück, wenn ich auf meiner alten Blockflöte spiele?

Mister Larrybee legt die Zigarre behutsam auf einen Kohlenbrocken und lässt die Schlösser des Koffers neben dem Stapel Konservendosen aufschnappen. Dann rückt er mit der braunen Flöte wieder vor das Feuer.

Als das alte Lied unter seinem Mund und den Fingern ersteht, überall hinklettert – in die Taschen des groß karierten Mantels an der Wand, in das Feuer und in des Mannes Herz –, setzt Mister Larrybee die Flöte ab. Er spürt, dass jetzt keine Freude bei ihm ist, sondern Wehmut. Das kann doch nicht Weihnachten sein!, denkt Mister Larrybee, nimmt die Zigarre, deren weiße Asche mehr geworden ist, von der Kohle herunter und legt stattdessen die Flöte dort hinauf.

Seine Hand tastet sich zu einer der Rumflaschen, als ihn ein Ruf zurückfahren lässt:

„Old Bernhard, frohe, gnadenreiche Weihnacht!"

Mehrere Männer müssen es von draußen gerufen haben, im Chor. Old Bernhard? So heiße ich doch gar nicht, fällt es Mister Larrybee erst jetzt ein. Ob die Matrosen zurückgekehrt sind und sich einen Spaß mit ihm machen wollen? Da soll doch der . . .

„Old Bernhard, gesegnetes Fest, du bis de Best!"

Mister Larrybee nimmt die Taschenlampe und eilt die Treppen hinunter, so schnell, dass ihm von den ständigen Drehungen ein wenig schwindelt. Aber die sternklare Nacht, in deren Mitte er mit einem Mal steht, bringt wieder Schärfe und Wahrheit in sein Hirn.

Tomothee Larrybee sieht drei Männer in dicken Mänteln. Zwei ziehen soeben ein Ruderboot auf die Klippe. Der dritte leuchtet ihnen mit einer Sturmlaterne. Jetzt kommen alle drei auf Mister Larrybee zu.

„Na, old Bernhard!", lacht der mit der Laterne. „Ist noch frischer heut Nacht als im vorigen Jahr. Aber wir haben das Buch, und du hast den Grog, alte Haut! Das wird uns – hallo, ist gar nicht old Bernhard!" Verblüffung, ja Enttäuschung steht kalt zwischen den Männern, den dreien am Boot und dem einen vor dem Leuchtturm.

„Ist was passiert?", fragt jetzt einer, der ein Paket unter den Arm geklemmt trägt. „Wir wunderten uns schon, dass das Leuchtfeuer nicht brannte. Aber da das Öl knapp ist, dachten wir, das sei die Ursache. Ist etwas mit – mit – old Bernhard?"

„Ich weiß nicht!", sagt Mister Larrybee. „Der Turm ist auf den Seekarten gelöscht. Ich habe ihn gepachtet."

„Dann ist old Bernhard in Hursdulb, bei seinem Sohn!", sagt der Mann mit der Laterne, und alle drei atmen auf, nein, alle vier, denn auch Mister Larrybee war erschrocken.

„Wir gehen wieder", sagt der Mann mit dem Paket und dreht sich zum Boot.

„Ich lade Sie ein, zu – zu einem Grog!", sagt Mister Larrybee schnell. „Old Bernhard hätte Ihnen gewiss auch einen gegeben, nicht wahr?"

„Tja, das hat er getan. Jedes Jahr. Aber ob Sie . . .?"

„Larrybee heiße ich. Timothee Larrybee! Bitte seien Sie meine Gäste!"

„Jack!", stellt sich der mit der Laterne vor. „Zachary", sagt der mit dem Paket. „Bill", der Dritte.

Die Gäste sind nicht sehr überrascht, als Timothee Larrybee sie in die neu eingerichtete Ölkammer führt.

„Büschen verändert!", sagt Zachary mit dem Paket, und die drei setzen sich auf den dicken Teppich. „Dann wollen wir mal!"

„Sofort!", sagt Timothee Larrybee und geht zum Ofen, auf dem sich der Topf leise regt.

„Meinte ich nicht!", ruft Zachary den Gastgeber zurück. „Kommt nachher! Erst das andere."

Gehorsam kommt Timothee Larrybee zurück und setzt sich ebenfalls auf den Teppich. Er sieht nun, dass es kein Paket ist unter dem Arm Zacharys, sondern ein Buch.

Jack stellt die Sturmlaterne neben das Buch. Zachary schlägt es an einer Stelle, die durch einen dicken, roten Wollfaden bezeichnet ist, langsam auf und liest:

„In jenen Tagen erging ein Erlass des Kaisers Augustus, das ganze Land sei aufzunehmen. Dies war die erste Aufzeichnung, die unter Cyrenius, dem Statthalter von Syrien, stattfand. Alle gingen hin, sich aufzeichnen zu lassen, ein jeglicher in seiner Vaterstadt. Auch Josef begab sich . . .!“

Ich hatte es vergessen, denkt Timothee Larrybee und ist traurig. Nicht traurig über diese Stunde, sondern über die letzten zwei Jahrzehnte, in denen er nicht mehr an dieses Buch, nicht mehr an dieses Kapitel gedacht hat.

Ich habe nicht mehr gewusst, wo Weihnachten ist, denkt Timothee Larrybee. Die bunten Karten hätten mir nichts anhaben können, wenn ich es gewusst hätte. Diese Flucht in den Leuchtturm wäre eine Sackgasse gewesen ohne Zachary mit dem Buch und Jack mit dem ruhigen Licht und Bill mit dem Lächeln im bärtigen Antlitz.

Und Timothee Larrybee hört weiter:

„In derselben Gegend waren Hirten auf dem freien Felde; sie hielten nachts Wache bei ihrer Herde. Da stand der Engel des Herrn vor ihnen, und die Herrlichkeit Gottes umstrahlte sie, und sie fürchteten sich sehr. Der Engel sprach zu ihnen: „Fürchtet euch nicht. Seht, ich verkünde euch eine große Freude, die allem Volke zuteil wird. Heute ist euch in der Stadt Davids der Heiland geboren, Christus, der Herr.“

Timothee Larrybee denkt: Heute. Das ist es. Ich hatte geglaubt, es sei schon zweitausend Jahre her. Darum hatte ich Furcht.

„. . . Die Hirten kehrten heim und lobten und priesen Gott für alles, was sie vernommen und gesehen hatten, so wie es ihnen gesagt war.“

Lange schweigt Timothee Larrybbe. Dann sagt er: „Habt ihr jedes Jahr mit Old Bernhard diese Worte gelesen?“

„Ja!“, sagt Jack. „Dann hatte er wieder die Kraft, ein ganzes langes Jahr allein hier zu sein, allein auf diesem Turm.

Allein mit sich, den winzigen Silhouetten der Schiffe am Horizont. Allein mit diesem Buch."

„Ein ganzes Jahr", wiederholt Timothee Larrybee leise. „Ein ganzes Jahr Kraft. Das ist viel. Lies es bitte noch einmal, Jack, das, was der Engel zu den Hirten sagt!"

„Fürchtet euch nicht . . .!"

Timothee Larrybee steht vom Teppich auf.

„Bleibt bei mir", sagt er, „solange ihr könnt!"

„Den Weihnachtstag noch", ist Jack einverstanden.

Timothee Larrybee geht zu der Zigarrenkiste. Als er sie seinen Freunden anbietet, nehmen sie jeder eine Zigarre, zerschneiden sie mit ihren Taschenmessern säuberlich und pressen den Tabak in ihre Pfeifen. Auf dem Kanonenofen ruft das kochende Wasser.

Jean Anouilh

Das Lied vom verlorenen Jesuskind

„Jesuskind, wo bist du? Du bist nicht mehr zu sehn.
Leer ist deine Krippe, wo Ochs und Esel stehn . . .
Ich seh Maria, die Mutter, und Josef Hand in Hand,
ich seh die schönen Fürsten vom fernen Morgenland.
Doch dich kann ich nicht finden:
Wo bist du, Jesuskind?"
„Ich bin im Herzen der Armen, die ganz vergessen sind!"

„Maria, voller Sorgen, die sucht dich überall,
draußen bei den Wirten, in jeder Eck im Stall.
Im Hof ruft Vater Josef und schaut ins Regenfass.
Sogar der Mohrenkönig, er wird vor Schrecken blass.
Alles sucht und ruft dich:
Wo bist du Jesuskind?"
„Ich bin im Herzen der Kranken, die arm und einsam sind!"

„Die Könige sind gegangen, sie sind schon klein und fern;
die Hirten auf dem Felde, sie sehn nicht mehr den Stern.
Die Nacht wird kalt und finster – erloschen ist das Licht.
Die armen Menschen seufzen: Nein, nein, das war Er nicht!
Doch rufen sie noch immer:
Wo bist du Jesuskind?"
„Ich bin im Herzen der Heiden, die ohne Hoffnung sind!"

Stanislav Lahodny

Bethlehemer Apokryph

Schon lange war es dunkle Nacht. Der Mond ging nicht auf. Die Glut der Feuerstelle zeichnete auf unseren Gesichtern seltsame Konturen und verlieh uns eine Gestalt, die wir nicht besaßen. Moshe fuhr mit einem angebrannten Zweig durch die Asche.

„Wenn du es in dir verschlössest, Herr, würde mir deine Bitte nicht so große Sorgen bereiten. Aber du schreist alles, was du hier siehst und hörst, in die Welt hinaus. Verteidige dich nicht! Ich weiß, dass ein Archäologe die Ergebnisse seiner Arbeit nicht für sich behalten kann. Nun forderst du aber etwas von mir, das mit der Archäologie nichts zu tun hat. Ist es nicht so?“

„Es ist so“, musste ich zugeben.

Moshes Stimme klang unsicher: „Ich bedauere, Herr, dass ich dieses Ergebnis überhaupt erwähne. Doch wie du willst – du sollst es erfahren.“

Irgendwo in der Felsenwüste bellte ein wilder Hund.

„Das Ergebnis, von dem ich dir jetzt erzählen werde, Herr, wird in unserem Stamm – oder besser gesagt in unserer Sippe – bereits Jahrhunderte überliefert. In einer besonderen, dafür geeigneten Stunde erzählt es der Vater dem Sohn. So vererbt sich das Geschehnis von einem Geschlecht auf das andere. Vom Urgroßvater auf den Großvater, Vater, Sohn und auf den Enkel. Aus dem Enkel wird, ehe man sich versieht, wieder ein Urgroßvater, und die Kette setzt sich fort . . .“

Ich nickte.

„In Gottes Namen“, begann Moshe zögernd. „Als damals der Stern mit dem Schweif am Himmel erschien, der die Ankunft des Verheißenen, des Königs, des Messias, die Geburt

Jesu Christi, verkündete, kamen Engel in das Lager der Hirten bei Gedera, um ihnen diese Neuigkeit zu überbringen. (Du weißt genau, dass das Dorf Gedera nicht aufzufinden ist. Es ist verschwunden.) Die Engel sprachen zu den Hirten und forderten sie auf, nach Bethlehem zu gehen. Alle erhoben sich. Über ihren Köpfen ertönte es: „Ehre sei Gott in der Höhe und Friede auf Erden und den Menschen ein Wohlgefallen!“ Ich weiß, dass die zweite Hälfte der Engelsbotschaft heute bisweilen anders übersetzt wird, doch das ist in unserem Geschehnis nebensächlich.

Die Hirten standen also auf, um sich auf den Weg zu machen. Auch Ephraim erhob sich. Alle richteten die Augen auf sein dunkles Gesicht und blickten dann scheu von einem zum andern. Du musst wissen, Ephraim war das schwarze Schaf unter den Hirten. Er war kein guter Mensch. Er sündigte. Bei der Herde, zu Hause in der Familie, unter den Zelten. Wenn in diesem Augenblick etwas sicher war, so war es das, dass Ephraim nicht vor das Antlitz des Neugeborenen treten durfte. Die Menschen liebten ihn nicht – wenn sie ihn nicht gar hassten. Aber wir Menschen sind nicht alle gleicherweise gerecht. Und so sagte niemand ein Wort, als Ephraim sich ihnen anschloss. Auf dem Wege zum Stall von Bethlehem begannen sich die Menschen schon zu drängen. Es tauchte sogar die verwunderliche Nachricht auf, dass auch drei weise Könige aus dem Morgenland mit reichen Geschenken die Krippe des Neugeborenen aufsuchen wollen.

Die erste Schwierigkeit ergab sich vor dem Stall von Bethlehem. Dort standen mehrere Engel und ließen die Besucher ein. Die Hirten hatten bisher nicht bemerkt, dass jemand zurückgewiesen worden wäre. Was würde aber mit Ephraim geschehen? Engel wissen doch alles! Und so kam es auch: Einer der Engel sah dem Hirten mit dem finsteren Gesicht streng in die Augen und wies dann mit seiner schneeweißen Rechten gebieterisch nach hinten. Kehre um, bedeutete diese Gebärde. Die Hirten um Ephraim verhielten ebenfalls den Schritt. Einen Augenblick herrschte Schweigen. Ephraim hatte den Kopf gesenkt und trat von einem Bein auf das andere. Dann drehte er sich langsam um, stieß einen oder zwei Männer zur Seite und verschwand in der Dunkelheit; wie es schien, genau unter dem Stern von Bethlehem. Die übrigen traten ein, fielen auf die Knie und verharrten lange in dieser Stellung, Worte des Gebetes suchend.

Hinter ihrem Rücken tauchten neue Besucher auf. Als irgendjemandes Hände an der Krippe Gold, Weihrauch und Myrrhe niederlegten, wussten alle, dass auch die angekündigten Könige eingetroffen waren. Endlich hoben die Hirten den Kopf, um das Kind zu betrachten. Doch die Krippe war leer ... Wo war das Kind? Die entsetzten Augen der Hirten suchten verzweifelt im Dämmerschein des Stalles. Es war nicht da. Das Kind war fort – wohin war es verschwunden?

Merkwürdig, die übrigen Besucher blickten andächtig in die leere Krippe. In ihren Augen lag so viel liebevolle Zärtlichkeit, die man nur beim Anblick eines neugeborenen unbefleckten Kindes empfindet. Es konnte nicht anders sein, die Krippe erschien nur den Augen der Hirten leer. Aber warum? Was hatten sie verschuldet, dass ihnen das höchste Geschenk, dem Erlöser ins Antlitz blicken zu dürfen, nicht gewährt wurde? Und war es überhaupt möglich, dass er für die einen dort lag und sich den anderen nicht zeigte?

Verlegen neigten sie sich vor der Krippe und wandten sich dann der Tür zu. In diesem Augenblick sahen sie, umrahmt von der Tür, den Neugeborenen; er lag in den Armen ihres Ephraim. Beide kehrten in den Stall zurück. Als Ephraim an der Gruppe der Hirten vorüberkam, hieß ihn das Kind innehalten.

„Er hätte mir hier gefehlt, dieser Hirte", sprach es. „Warum sollte gerade Ephraim mich nicht aufsuchen, wenn ihr anderen gekommen seid? Vielleicht sagt ihr euch, diese

Freude sei nicht für ihn bestimmt. Sie ist es. Wie wenig unterscheidet ihr euch doch einer vom andern! So musste ich gehen, um Ephraim zu holen, obgleich meine Füßchen den harten Weg noch nicht gewöhnt sind. Es hätte mir sehr Leid getan, wenn wir uns verfehlt hätten. Nun geht gemeinsam heim. Der Friede des Herrn sei mit euch!"

Und die Hirten kehrten wieder um zu ihren Herden, priesen und lobten den Herrn für alles, was sie gehört und gesehen hatten . . . Und das ist alles, Herr."

Ich schwieg. Was sollte ich auch in diesem Augenblick sagen!

Moshe sprach leise vor sich hin: „Du schweigst. Ich dachte mir gleich, dass dieses Geschehnis nicht für deine Ohren ist."

Ich lächelte. „O doch, Moshe. Es ist mehr noch für mein Herz."

„Du sprichst nur aus, was alle vor dir sagten, als sie von diesem Geschehnis erfuhren. Der Mensch bleibt immer gleich, und die Liebe Gottes, die in dem neugeborenen Kind zu ihm herabgestiegen ist, auch sie ist unveränderlich . . ."

Hilde Heisinger

Die Anbetung der Fischer

Niemand hatte etwas bemerkt. Nur der alte Fischer, der so hellhörig war, dass er den Kopf wandte, wenn neben ihm die Flaumfeder einer Möwe in den Dünensand fiel, hob die Augenbrauen und horchte. Die Fischer hielten in ihrer Beschäftigung inne und warteten auf das Wort des Alten.

Sie waren dabei, ihr Netz zu flicken, in das die zappelnden Dorsche beim gestrigen Fang ein Loch gerissen hatten. Es war ein guter Fang gewesen. Abends hatten die Frauen über dem Holzfeuer die Fische gebraten und sie den Männern gereicht. Sie hatten den öligsüßen Wein der blauen Trauben dazu geschlürft, und eine satte Zufriedenheit erfüllte ihre Herzen. Nun arbeiteten sie am Strand, wuschen die Netze und spannten sie über die Pflöcke, damit der Seewind sie trockne.

Der alte Fischer richtete sich auf und blickte über das Meer, in das die Sonne soeben versunken war. Auf den heranrollenden Wellen lag ein perlmutterfarbener Glanz, und rosa Nebelschleier wogten zu unsichtbaren Ufern.

Einer der Männer feuchtete den Finger an und hielt ihn gegen den Wind. „Kommt Sturm auf?“, fragte er.

Der Alte schüttelte den Kopf. „Ein Kunde kommt über das Meer. Mit dem Wind und mit dem Flügelrauschen der Vögel ...“

Sie warteten noch eine Weile. Aber als nichts geschah, machten sie sich auf den Heimweg zu ihren Hütten.

Der alte Fischer blieb zurück. Er setzte sich auf den Rand der Schaluppe, die halb im Wasser lag und halb auf den Strand gezogen war. Einer der Jungen sah es, kehrte zurück und warf sich in den Sand neben den Alten.

Er betrachtete die kleinen Muscheln, die auf der Unterseite des Bootes klebten, und das blassgrüne Gewirr von Algen und Seetang, aus denen das Meerwasser tropfte. Er horchte auf die Brandung, die unablässig die Klippe umspülte und dort Seesterne und durchsichtige Quallen zurückließ. Dann wanderte sein Blick zu dem alten Mann, von dem er alles gelernt hatte, was ein Fischer wissen muss: wie man die Taue zu seltsamen Knoten schlingt, wie man die Netze flickt und das Wetter nach dem Ton der Brandung voraussagen kann. Dann lauschte er auf den Wind, der an der Küste entlangstrich und den Seesand wandern machte. Er hörte ein Geräusch, das wie das Blöken eines Schafes klang, und als er aufsah, stand ein weißes Lamm vor ihm und rieb mit klagendem Laut den Kopf an seinem Knie.

Während er noch überlegte, aus welchem Pferch es entlaufen sein mochte, kam ein Hirte den Dünenhang herab.

„Gottes Engel hat uns die Kunde gebracht", sagte er, „nun machen wir uns auf, das Kindlein anzubeten." Er nahm das Lamm in seine Arme. Als er den Dünenhang emporstieg, leuchtete im Osten der Himmel von den Strahlen eines neuen Sternes, und gegen die Helligkeit sahen der alte und der junge Fischer den wandernden Zug der Hirten.

Das Licht des Sterns funkelte auf dem dunklen Wasser und bildete eine goldene Straße, die sich bis in die Unendlichkeit verlor. Das Meer begann zu leuchten. Aus den Wellen hoben sich die Fische und Delphine und Seehunde, und es wurden immer mehr und mehr, denn auch die Tiere im Wasser haben ihre eigene Sprache. Sie trugen die Kunde von Ufer zu Ufer rings um die ganze Welt.

„Du sollst dich aufmachen und das Kindlein anbeten", sagte der alte Fischer, der die Sprache verstand, zu dem jungen. Kaum hatte er es gesagt, da hob sich eine Welle aus dem Meer und lief zum Ufer. Das Wasser der Woge rundete sich zu einem Gefäß und erstarrte. In der durchsichtigen Kugel schwamm, von Meerwasser umspült, ein Fisch. Es war ein seltsamer Fisch, wie man ihn noch nie zu Gesicht bekommen hatte. Er war so groß wie eine Männerhand. Die Schuppen waren aus gleichmäßigem Gold. Die Augen waren dunkel umrandet und so ausdrucksvoll, als begriffen sie das Wunder.

Der Junge hob die gläserne Kugel auf. Der Goldfisch darin schwamm immer in einer Richtung wie zu einem unsichtbaren Ziel. Seine zarten Flossen berührten dabei die Wände des Gefäßes und gaben einen hellen Laut.

Dieser Laut begleitete den jungen Fischer auf dem Weg

nach Bethlehem. Er ging geradewegs durch Dünen, Heide und Wälder, über Berge und Täler, bis er vor der Hütte stand, die der Stern im Osten ihm gewiesen hatte.

Und so geschah es, dass neben den Hirten, die ihre Lämmer dem Kindlein in der Krippe darbrachten, auch ein Fischer kniete, der in seinen Händen eine gläserne Kugel trug mit der Gabe des Meeres.

Es ist eine alte Überlieferung, die am Heiligen Abend auf einer der kleinen holländischen Inseln die Fischer den Kindern erzählen, während draußen das Meer rauscht und die Herzen sich bereitmachen für das große Wunder dieser Nacht.

Weihnachtsgedanken eines alten Zigeuners

Jesus, ich habe nichts gegen die Leute. Sie singen Weihnachtslieder. Aber sie verstehen nichts von deiner Geburt. Sie singen fromme Lieder, und gleich darauf betrinken sie sich. Du bist in die Welt gekommen, weit von deinem Haus entfernt. Deine Eltern mussten einen weiten Weg machen wegen dieser Zählung. Deine Mutter hätten sie wohl zufrieden lassen können, in dem Zustand. Aber deine Eltern waren arm – man merkt es. Wenn sie Geld gehabt hätten, dann hätte man ihnen wohl auch Platz gegeben.

Du bist arm, Jesus. Ich weiß, was dich erwartet. Eines Tages wird man dich fragen: Wie lebst du? – Wie verdienst du dein Brot? – Was für einen Beruf hast du? – Dem Armen stellt man immer diese indiskreten Fragen. Man scheut sich nie, ihn in Verwirrung zu bringen.

Du bist von Nazareth. Dadurch bist du schon für immer deklassiert. Armer Jesus, dein Erscheinen in der Welt wird dich teuer zu stehen kommen. Herodes ist schon ganz verrückt, und eines Tages werden sie es dir geben. Unschuldig oder nicht – darauf pfeifen sie. Einer muss eben der Schuldige sein. Barrabas lässt man laufen, aber die Deinen schnappt man.

Großer Gott, du hast die Welt so gut erschaffen. Was hat sie so schlecht gemacht? – Aber es gibt auch gute Leute, diese Hirten, die da gekommen sind, um dich zu sehen. Sie bringen dir Brot, Milch und Käse, Holz, ein warmes Kleidungsstück. Das ist nett von ihnen, und ich freue mich für dich. Wenigstens sie hatten ein gutes Herz. Es ist so wenig nötig, um jemanden aus seinem Elend zu reißen. Aber man muss daran denken und muss helfen wollen. Es ist schön, wenn man an die anderen denkt, so wie du es getan hast.

Wenn jeder wäre wie diese Hirten, dann gäbe es kein Elend mehr, auch nicht diesen Hunger, der so viele Alte und Kinder tötet. Ja, das macht mir Spaß: diese Hirten haben verstanden! –

Das wär's, was ich dir sagen wollte, kleines Kind in der Krippe. Danke, dass du mir das Weihnachtsfest geschenkt hast! Segne meine Kinder, meine Frau, meine Brüder und Schwestern! Segne alle Menschen und gib ihnen Frieden!

Erna Taege-Röhnisch

Adventskrippe

Die Herden ruhn,
es ist genug geweidet.
Der weite Tag kehrt heim.
Das Jahr war voller Früchte und Beschwer.

Da – aus dem Finstern,
das der Hirte meidet,
darin der Wolf jagt
und das Opfer leidet,
hallt eine winddurchwehte Stimme her:

Gebt Herberg für die Mutter und das Kind,
die durch das Dunkel auf dem Wege sind.

Gott, Mensch und Tier gehn über eine Schwelle,
ein Dach wird Fittich, schirmend hingeneigt,
und ums Gestüt glimmt schon die Helle
des Sterns, der über alles Dunkel steigt.

Walter Bauer

Hol deinen Bruder an den Tisch

Es war kein Haus, in dem man sehr lange wohnte. Wer hier einzog, war unten angekommen und musste sein Brot am Grunde der Tiefe suchen wie der Taucher die Perlen. Manchmal, nachts, konnte man ein Flüstern und Rieseln hören, das nicht von menschlichen Stimmen kam. Das war das Haus: Es seufzte ein wenig.

Mit Einbruch des Winters zogen neue Mieter ein; sie hatten sogar ein Sofa. Darauf schlief der Junge. Den Namen Nino Andreolis habe ich wegen des fremdländischen Klanges nie vergessen. Er war dreizehn, dunkelhaarig, sehr blass und still. Ich habe ihn nie mit den Jungen des Hauses zusammen gesehen. Meine Mutter sagte, er hätte immer in der Stube gesessen, allein mit der stummen, kalten Gesellschaft von Tisch, Stuhl, Bett und Schrank, denn die beiden, seine Mutter und sein Vater, waren sehr oft nicht zu Hause; aber man wusste nicht, wovon sie lebten. Wir hörten manchmal ihre Stimmen über uns; sie stritten dann wohl miteinander. Der Mann sprach sehr schnell. Er war keiner von uns. Dann lachten sie wieder; sie hatten sich versöhnt.

Der Winter kam schnell und mit großer Härte. Vater saß zu Hause am kleinen Ofen und starrte auf seine Hände. Sie waren geschaffen, auszuschachten, Ziegel zu tragen und zuzureichen. Jetzt waren sie tot und verdienten nichts.

Ich war Lehrling im ersten Jahr und brachte nur meinen Hunger mit nach Hause. Es war gut, dass meine Mutter in zwei Häusern Arbeit hatte. Manchmal brachte sie Essen mit, und das reichte dann für einen Abend. Auch andere Männer im Haus hatten keine Arbeit. Das Haus stöhnte nachts vor Kälte. Die Stuben ohne Wärme strömten ihre eisige Luft durch das Gebirge der Stockwerke und erdrückten die Glut in den Öfen. Der Frost hockte auf den Treppen, sprengte die Wasserleitungen, verstopfte alles, trieb die Menschen zueinander. Manchmal gingen sie fort, aber nur das Gehen machte sie einen Augenblick warm, denn Arbeit gab es nur, wenn sie in den Straßen Schnee schippen konnten. Mein Vater ging mit ihnen.

Wir warteten damals nicht auf Weihnachten, meine Eltern bestimmt nicht; ich schon, ein wenig. Mein Vater wollte auch keinen Baum sehen, er konnte ja nur seine leeren Hände als Geschenk auf den Tisch legen. Meine Mutter sagte, einen kleinen Baum müssten wir haben , und ich holte einen, in der Dämmerung, draußen im Stadtpark.

Es war doch schöner, als wir gedacht hatten, denn die Mutter brachte von ihrer Arbeitsstelle eine Menge Sachen zum Essen mit, auch Gebäck, für den Vater ein Paar Socken, für mich eine Strickjacke, an der die Ärmel ein bisschen kurz waren, und die Mutter hatte einen Kragen aus schwarzem Krimmer geschenkt bekommen. Ich wollte der Mutter ein kleines Wandbrett schenken, das ich selber gemacht hatte; man konnte die Handtücher und Wischtücher daran aufhängen.

Am Nachmittag waren mein Vater und ich zu Hause, und wir hatten gerade aufgewaschen und alles sauber gemacht und waren dabei, den kleinen Baum zu schmücken. Mein Vater war auf einmal ganz froh geworden; eine saubere, warme Küche gibt auch gute Gedanken. Dann hörten wir Stimmen im Haus.

„Die Polizei, Vater“, flüsterte ich. Mein Herz verkroch sich.

„Nicht zu uns, mein Junge“, sagte der Vater. „Ich habe es ja kommen sehen, da oben stimmt es doch auch nicht.“

Wir lauschten. Das ganze Haus war zum Ohr geworden, und es war gierig nach oben gereckt, um alles zu hören. Über uns sprachen Stimmen gegeneinander; die ruhigen Stimmen der Polizisten, die schnelle, heftige Stimme Andreolis, dazwischen das hohe, spöttische Lachen der Frau. Dann wurde es still. Die Schritte der Polizei kamen wieder herab und umschlossen die Schritte von Andreolis und seiner Frau.

„Man hat sie geholt", flüsterte ich, „was haben sie getan?"

„Ich weiß nicht", sagte mein Vater, „wer weiß, was sie getan haben. Es ist ein Elend in der Welt. Mein Junge", sagte er, „es ist genug da, von allem genug in der Welt. Aber es ist nicht richtig verteilt."

Was ging es uns an! Wir hießen nicht Andreolis, wir hatten nicht gestohlen oder uns an einer dunklen Geschichte beteiligt. Wir waren arm und ehrlich.

Dann kam meine Mutter mit den schönen Geschenken, und mehr als ein paar Worte redeten wir nicht von dieser Sache. Wir wollten den Heiligen Abend feiern; einmal wollten wir die Armut vergessen. Wir hatten einen Baum. Ein paar kleine Kerzen brannten. Die Mutter legte alle Sachen, die sie bekommen hatte, unter den Baum auf den Tisch, und ich holte aus meinem Versteck die fünf Zigarren für den Vater und das kleine Wandbrett für die Mutter hervor. Ich bekam Wunderbares. Meine Mutter hatte bei den Leuten, bei denen sie wusch, ein paar alte Schlittschuhe geschenkt bekommen. Wir setzten uns an den Tisch und aßen.

Plötzlich sagte meine Mutter: „Ist der Junge oben auch geholt worden?"

„Nein", sagte der Vater. „Nur die beiden, der Mann und die Frau."

„Dann ist der Junge allein. Ist er oben?" Wir wussten es nicht, wir hatten nichts gehört, über uns war es stille.

„Geh hinauf", sagte meine Mutter zu mir, „und sieh nach, ob er da ist, und bring ihn herunter. Er soll mitessen." Meine Mutter sah den Vater an. „Es schmeckt mir nicht, Vater", sagte sie. „Nein, hol ihn."

Ich stand auf und tastete mich durch die kalte Finsternis die Treppe empor. Die Kälte hatte wie ein Hund in den Ecken gelegen und fiel mich an. Ich sah durch das Schlüsselloch einen schwachen Schein, und ich beugte mich nieder, um hindurchzublicken.

Damals habe ich etwas gesehen und nie wieder vergessen. Zum ersten Mal sah ich, wie es ist, wenn einer allein ist, so allein, dass es außer ihm selbst auf der ganzen Welt nichts gibt als Kälte und Finsternis. Ich sah eine Kerze, die auf dem Tisch stand, und in ihrem Schein, der sich kaum bewegte, das Gesicht des Jungen. Er starrte in das Licht, reglos, er hatte den Kopf in die Hand gestützt. Er war allein. Das habe ich begriffen. Allein in der Welt voller Menschen.

Ich klopfte an die Tür und trat ein. Ich blieb an der Tür stehen. Er sah mich an, ohne aufzustehen.

„Nino“, sagte ich, „du möchtest zu uns kommen und mitessen.“ Er sah mich an, das Gesicht war blass. Und dann fiel sein Kopf mit dem dunklen Haar, als wäre er von einer schrecklichen Hand abgeschlagen worden, auf seinen linken Arm.

„Komm mit hinunter“, sagte ich, „meine Mutter schickt mich. Wir essen gerade.“ Er rührte sich aber nicht.

Ich ging hinaus, stolperte durch die Finsternis hinab und machte unsere Tür auf. Wunderbar schwebte mir die Wärme entgegen. Sie umarmte mich, sie liebkoste mein Gesicht.

„Er kommt nicht, Mutter“, sagte ich. „Er sitzt am Tisch und sagt nichts.“

„Ich hole ihn“, sagte die Mutter, „er kann nicht allein bleiben, und wir lassen es uns gut sein.“ Sie stand auf und ging hinaus, und wir saßen still am Tisch und warteten. Es muss immer einer vom Tisch aufstehen, und ich glaube, dass bei den großen Worten und den großen Botschaften etwas ist, was den Menschen nicht erlaubt, sich zu verbergen und sitzen zu bleiben. Meine Mutter hat nur gesagt: „Er soll unsere Suppe mit uns essen.“

Wir haben nicht gehört, was meine Mutter mit dem kleinen Andreolis gesprochen hat. Nach einer Weile aber ist die Tür aufgegangen, und aus der Finsternis trat sie mit dem Jungen herein. Sie hatte ihren Arm um seine Schulter gelegt und führte ihn an unsern Tisch.

„Setz dich, mein Junge", sagte mein Vater, „und iss mit uns." Er saß bei uns und aß unsere Suppe, und meine Mutter füllte ihm auch den Teller mit Kartoffeln und Fleisch. Wir sprachen nicht von seinem Vater und von seiner Mutter. Meine Eltern fragten ihn, wo sie gewohnt hätten und so etwas, und er antwortete.

„Du musst heute hier unten bleiben", sagte meine Mutter, und zu mir: „Ihr könnt zusammen schlafen." Wir tranken zusammen Kaffee, der heute ein wenig schwärzer war, und meine Mutter tat für jeden einen Löffel Zucker hinein. Wir saßen vor dem Gebäck, und ich spielte auf meiner Mundharmonika die alten Lieder.

„Vielleicht kann Nino auch spielen", sagte meine Mutter, und ich klopfte die Mundharmonika auf den Knien ab und gab sie ihm. Er sah mich an und lächelte. Es war ein zartes, ein bisschen schüchternes Lächeln, das in seinem Gesicht erschien. Er hob die Harmonika an den Mund und spielte, zuerst zaghaft und dann wunderbar voll, und sah dabei zu Boden.

„Er spielt gut", sagte mein Vater.

„Gut, Nino", bemerkte anerkennend die Mutter.

„Ja", gestand ich, „er spielt viel besser als ich."

Dank! Dank! spielte er. Ich bin nicht allein! Nicht mehr allein! Habt Dank!

Brief aus Stalingrad

ABENDMAHL WEIHNACHTEN 1942

Für die im Kessel von Stalingrad eingeschlossene 6. Armee gab es ab November 1942 nur noch Verbindung aus der Luft. Ein letzter Transporter konnte Anfang Januar 1943 mit Schwerverwundeten und der Feldpost ausfliegen. Von den Säcken mit der ultimativ letzten Post aller Eingeschlossenen wurden weisungsgemäß bei der Ankunft sieben beschlagnahmt, die Namen der Absender und Empfänger gelöscht. Es sollte auf Hitlers Befehl die „Stimmung" getestet werden. Diese ausgesonderten Briefe wurden später im Heeresarchiv in Potsdam aufbewahrt. Einen dieser Briefe schrieb ein katholischer Geistlicher an seine Eltern.

Am Abend vor dem heiligen Feste feierten elf Kameraden in einer noch einigermaßen heilen Hütte in stiller Andacht. Es war nicht leicht, sie aus der Herde der Zweifelnden und Hoffnungslosen und Enttäuschten zu finden, aber die ich fand, kamen gern und mit frohem, empfangsbereitem Herzen. Es war eine seltsame Gemeinde, die sich zum Geburtstagsfest des Christkindes zusammenfand. Es gibt viele Altäre in der weiten Welt, aber einen ärmeren als hier nicht. Gestern waren noch Flakgranaten in der Kiste, über die heute meine Hand den feldgrauen Waffenrock eines toten Kameraden hing, dem ich am Freitag in diesem Raume die Augen schloss.

Ich las meinen Jungen aus dem Evangelium des Heidenchristen Lukas die Weihnachtsgeschichte, die im 2. Kapitel vom 1. bis 17. Vers geschrieben steht, vor, gab ihnen hartes schwarzes Brot als heiliges Opfer und Sakrament des Altares als den wahren Leib unseres Herrn Jesu Christi und erflehte für sie Gnade und Erbarmen. Über das 5. Gebot sprach ich nicht.

Die Männer saßen auf Schemeln und Hockern und blickten mit großen Augen in ausgehungerten Gesichtern zu mir empor. Sie waren alle jung, nur einer zählte 51 Jahre. Ich bin sehr glücklich, dass ich den Herzen Trost und Mut zusprechen durfte, zum Schluss gaben wir uns alle die Hand, nahmen Adressen und das Versprechen, wenn wir aus dem Krieg lebend zurückkommen sollten, die Angehörigen aufzusuchen und ihnen zu sagen, wie wir die Heilige Nacht 1942 gefeiert haben.

Gott möge seine Hände über Euch breiten, geliebte Eltern. Wir werden gefasst in den Abend und in die Nacht gehen, wenn es der Weltenherr will. Aber wir blicken in keine Nacht ohne Ende. Wir geben unser Leben in Gottes Hand zurück, möge er gnädig sein, wenn es so weit ist.

Gottfried Unterdörfer

Dem Hochhaus gegenüber

Wenn ich versuche, mir das Hochhaus vorzustellen, an dem wir damals standen, kommen zugleich wieder Zweifel, ob jenes Weihnachtsgeschenk wirklich das schönste gewesen ist, das ich empfing. Gewiss war es das nicht in dem Augenblick, als es mir und den zweien, die mit mir an der grauen Wand lehnten, gegeben wurde. Nun aber, aus dem Abstand einiger Jahre gesehen, wiegt es nicht nur die Geschenke der Kindheit auf, die manchen Wunschzettel mehr als erfüllten, sondern es nimmt weiter zu.

Wir zogen nun den zweiten vierundzwanzigsten Dezember wie an jedem Tag an die zugewiesenen Arbeitsplätze in dem Land, in dem Ostern mehr bedeutet als Weihnachten und wo die Geburt des Herrn später gefeiert wird als bei uns.

Wir mussten zu dritt Bauschutt laden an dem Hochhaus, das als erster Zeuge einer neuen Bauart die niedrigen Holzhäuser überragte. So war kein Windschutz da, und in jeder Pause, während der Lkw den Schutt wegfuhr, lehnten wir uns an die graue fensterlose Wand, um ein wenig Schutz zu finden vor dem schräg fallenden nassen Schnee.

So war Nachmittag geworden, früher Nachmittag. Um die ferneren Häuser an der Straße wurde es schon grau. Wir warteten auf den Posten, der uns mit einer weiteren Gefangenengruppe abholte zum Heimmarsch in das Lager. Diesmal war ich an der Reihe, als Erster der Wetterseite zu an der Wand zu lehnen. So gaben wir uns im Wechsel ein wenig Schutz. In dem Holzhaus gegenüber brannte Licht, ein matter Schein drang durch das hohe Fenster, und aus dem Schornstein rauchte es. Dorthin starrten wir und sagten kein Wort. Menschen eilten vorüber, die Kragen hochgeschlagen, die Frauen die Tücher weit in die Stirn. Ihre Gummigaloschen patschten auf der Straße. Da kam ein halbwüchsiger Junge auf uns zu. Er schien sich mit uns unterhalten zu wollen, dachte aber wohl, dass wir den Anfang machen würden. Doch wir saßen alle in Gedanken hinter dem hellen Fenster gegenüber und redeten nicht.

Nachdem der Junge uns eine Weile unbefangen betrachtet hatte, langte er in die Hosentasche, die sehr tief sein mochte, denn er wühlte darin herum, als bewahre sie vielerlei Reichtümer. Endlich schien er gefunden zu haben, was er suchte. Er hielt einen Brocken Maisbrot in seiner Hand und gab ihn dem mittleren von uns. Das sollte gewiss heißen, dass wir uns die Gabe teilen sollten. Da sah der Junge das Stück auf der offenen Hand in der Mitte, auf die wir nun alle vier blickten, schüttelte den Kopf, redete für sich, ließ seinen Arm erneut in der abgründigen Tasche versinken, brachte einen zweiten und dann einen dritten Brocken heraus und verschwand, kaum dass wir ihm unser „spassiba“ nachrufen konnten. Wir sprachen auch jetzt nicht, sondern aßen, und zwar so langsam, als müssten wir nach jedem Bissen über etwas nachdenken.

Wir kauten noch, als eine Frau stehen blieb. Es war nun noch dunkler geworden, so dass wir ihr Gesicht nur vage unter dem überstehenden Tuch erkannten. Mir ist auch nichts geblieben davon als die Augen und dazu die Bewegungen ihrer Arme.

In der Erwartung, nun gäbe es wieder Brot, unterbrachen wir das Kauen. Die Frau trat näher. Sie war alt. Ihr Gebaren zeigte, dass wir ihr Leid taten, und auch, wie sie bedauerte, uns nicht helfen zu können.

Mit einem Mal hellte sich ihr Gesicht auf, sie sagte „Christus“, und ein Wort, das wir nicht verstanden, welches sie zugleich mit einer kreisenden Armbewegung beschrieb. Und gleich darauf, als wäre sie nicht sicher, ob wir begriffen hätten, was sie meinte: „Christus tam i tam i tam“, und dabei wies sie auf die erleuchteten Fenster gegenüber und dann auf uns und dann auf sich, bekreuzigte sich, nickte uns freundlich zu und lief davon.

Wir sahen ihr nach. Der zuerst das Brot bekommen hatte, meinte, und wir haben kaum etwas anderes gedacht: „Einen gelben Kanten hätte ich lieber genommen als die Worte.“

„Lass, sie hat es gut gemeint, die wunderliche Alte.“

Bald darauf kam die Gruppe mit dem Posten, und wir marschierten ins Lager.

Was die Frau an jenem Abend nicht vermochte – gegen das Geschenk des Jungen aufzukommen – drang später ein und wurde Brot.

Hans Lipinsky-Gottersdorf

Stern der Unglücklichen

Am Spätnachmittag verdichtete sich die graue Dezemberöde zu einer kalten, steinernen Traurigkeit; eine Zeit lang fiel Nebel herab, hängte sich spinnwebfarben in das Eisengerüst der beiden Brücken über den Bahnanlagen und zog seine Schleier um das schwarze Dach des Stationsgebäudes. Der große, runde, von kahlen Bäumen umstandene Bahnhofsplatz war leer; nur an der Haltestelle für Droschken wartete die schwarze Kalesche des Kutschers August Bragulla auf Fahrgäste. Die alte Stute Zorno ließ den zottigen Kopf tief auf das ölig glänzende Pflaster hinabhängen und schlief; ihr Herr, in einen schmierigen Pelz gewickelt, hockte auf dem Bock und starrte vor sich hin. Von Zeit zu Zeit wischte er die Tropfen fort, die aus den kahlen Baumkronen auf Sitz und Mantel fielen, und seufzte schwer.

„Alles ist nass", murmelte er, „der einzige trockene Fleck auf der Erde ist meine Kehle. Zorno, was meinst du dazu?"

Die Stute wechselte das Standbein; spitz ragte die magere Kruppe unter der Regendecke, von der es in kurzen Abständen gleichfalls tropfte. Braggulla steckte die Hand in die Tasche, zog ein paar Münzen heraus und betrachtete sie lange, dann in plötzlichem Entschluss ließ er sie wieder verschwinden.

„Heute nicht", sagte er finster, „morgen ja, aber heute am Heiligen Abend keinen Tropfen, nicht soviel, wie in einem Fingerhut Platz hat . . . Wo nur der Zug bleibt!?", fragte er und blickte sich um, in der Hoffnung, irgendeine Ablenkung zu finden. Aber das war vergeblich wie immer: links, fünfhundert Meter hinten den Gleissträngen und Verladerampen erhoben sich grau und ärmlich die Häuser der kleinen Stadt, vor ihm ragte das düsterrote Stationsgebäude in den ziehenden Nebel; zur Rechten waren wieder Schienenstränge mit den schwarzweißen Würfeln der Weichensignale, und hinter allem, hinter Bahnsteigen, einzelnen Güterwagen und dem großen, schmutzigen Schild, auf dem mit zerbröckelnder Farbe der Name der Station geschrieben stand, breitete sich über gestaltlose Ackerstücke Einsamkeit wie schwerer, grauweißer Schlamm. Bragulla ließ seine Blicke wieder zurückkehren zu dem schlafenden Pferd an der krummen Deichsel.

Weihnachten hin, Heilige Nacht her – eine Stunde Verspätung, das war zu viel für seine Standhaftigkeit. Er spürte deutlich, wie die Waagschale des Kampfes sich auf des Durstes Seite neigte.

„So schwarz wie die Zorno von außen bin ich von innen", sagte er sich kleinlaut, „ganz verbrannt ist meine Seele von Sünden und Alkohol."

Seine Beine bewegten sich schon zur Seite, aber mit einer äußersten Anstrengung brachte er sie dazu, wieder unter die Decke zu kriechen. Man steht und steht, dachte er, wenn doch endlich jemand käme! Es kam aber niemand; nur der kahle Kopf des Bahnhofsvorstehers Przyrembel tauchte kurz hinter dem Bürofenster auf, eifrig nickend und den Telefonhörer am Ohr – sonst zeigte sich nichts. Und nun rauschte es auf einmal feucht und schwer in den kahlen Ästen der Bäume; ganze Schauer von Tropfen prasselten herab. Stoßweise, hustend und keuchend machte sich ein Nordwest auf die Beine, zerrte an des Kutschers Mütze und ließ die Arme der Signalmasten klappern.

Bragulla stieg ab und band die Zügel um den Peitschenhalter. Er hatte endlich einen vernünftigen Grund, denn in seinen Eingeweiden fühlte er deutlich den Wurm einer Erkältung bösartig nagen und bohren. Den muss man töten, dachte er. Zudem fing es richtig an zu regnen; Wirbel zogen über den Platz und zerspritzen auf den ölig glänzenden Steinen.

Das semmelblonde, dickliche Fräulein hinter dem Büfett im Wartesaal dritter Klasse schlug den grauen Wollschaal fester um den Hals, als Bragulla eintrat, und griff wortlos nach der Flasche mit weißem Kartoffelschnaps. Dann spülte sie ein großes Glas. Das Wasser gurgelte und spritzte.

„Es ist kalt“, sagte Bragulla und rieb die großen, behaarten Hände.

„Wie viel?“, fragte das Fräulein wortkarg, „zweifach, dreifach oder vierfach?“

„Vierfach“, sagte Bragulla und blickte beschämt in die Ecke, wo ein kleines Bäumchen stand mit einer billigen Krippe aus Pappe darunter. Die Hirten bückten sich zu dem Kinde, Josef betrachtete den Stern, und Maria lächelte mild; die Köpfe von Ochs und Eselchen glotzten tierisch und stumpf.

„Zum Wohl“, sagte das Fräulein, stellte das volle Glas auf die schimmernde Platte und ging zurück zu dem Stuhl, um weiter in einer Illustrierten zu blättern. Auf dem Titelblatt waren bestahlhelmte Soldaten, Rotkreuzschwestern und ein geschmückter Weihnachtsbaum zu sehen.

„Ja – na danke“, sagte Bragulla erschrocken und nahm den Blick von dem Kinde fort. Er trank, und der Schnaps floss heiß und brennend durch seine Kehle, erreichte den Magen und verbreitete rasch ein unbeschreibliches Wohlgefühl. Die Sorgen, die auf das Herz drückten, wurden leichter, aus Steinen verwandelten sie sich in bunte Schmetterlinge, spreizten ihre Flügel und flogen, eine nach der anderen, fort.

„Noch einen“, sagte Bragulla. Die Semmelblonde erhob sich und kam mit der Flasche.

„Ich lasse sie gleich stehen“, sagte sie und kehrte zu ihrer Zeitschrift zurück.

Bragulla betrachtete das Bäumchen und die Krippe. „Es ist ja vielleicht eine Sünde“, sagte er, ohne die Lippen zu bewegen, aber er war sicher, dass das Kind dort ihn anhörte. „Sicher ist es eine Sünde, an deinem Geburtstag zu trinken, aber, siehst du, ich bin schon ein alter Mann, dem die Frau wegstarb, und der Sohn ist im Kriege. Die Schwiegertochter taugt nicht viel, ich mag nichts von ihr wissen. Du kennst sie ja. Man hat nicht viel Freude mehr in meinem Alter. Und dann das Wetter, aber das weißt du ja alles ..."

„Wenn du es erlaubtest", sagte er weiter, „würde ich dir am liebsten zutrinken. Aber das darf man ja nicht, es wäre wider den Respekt. Bei uns ist das so Sitte, dass dem Neugeborenen zugetrunken wird, es gedeiht dann besser; doch du bist ja Gottes Sohn und wirst auch so wachsen. Aber es ist gut, dass du da bist, hörst du, denn wenn es schon eine Sünde ist, dass ich hier trinke, ohne dich wäre es noch schlimmer."

Er füllte das Glas bis zum Rand; seine Hand zitterte ein wenig, und die kalte Flüssigkeit floss über das glänzende Metall. Die Figuren der Krippe regten sich nicht; Maria lächelte wie vorher, und Josef betrachtete den Stern; die Hirten neigten sich tief. Der Wartesaal war leer und grau, durchzogen von trüben Gerüchen; von der Decke bröckelte der Putz in weißen Fladen, aber die Figuren waren bunt und schön.

Bragulla ließ seine feuchten Seehundsaugen hin- und herwandern. Die Bedienung war eingeschlafen; vor dem großen Fenster, das von der Decke bis zum Fußboden reichte, stand der Vorsteher und sprach mit einem seiner Gehilfen; man konnte nicht hören, was er sagte, aber er bewegte den Mund rasch und heftig und fuchtelte mit der geballten Faust. Der Gehilfe stand ein wenig vornübergeneigt, dann nickte er mehrmals und ging rasch fort. Bragullas Seehundsaugen kehrten zu den Figuren zurück, zu den bunten Pappscheiben, dem Mittelpunkt der Welt.

„Ich werde dir doch zutrinken", brummte er und hob sein Glas, „du wirst es mir schon erlauben. Bist doch zu uns gekommen, Kindchen, du kleines, wirst auch erlauben, dass ich dir zutrinke."

Er trank und stellte das Glas leise hin. Die Bedienung hob den Kopf.

„Wollten Sie etwas?“

Bragulla verneinte. Singen werde ich heute Abend, dachte er, singen! So laut, dass alle es hören, werd ich singen, lauter als die Orgel. Habe ich ihm nicht zutrinken dürfen? – Die bunten Figuren regten sich vor seinen Augen, die Hirten bückten sich noch tiefer, Ochs und Esel begannen von dem Heu zu fressen, und Josef hob seine Hand dem Stern entgegen.

Dämmerung kroch aus den Ecken und stieg an den Wänden empor, ein dunkles lautloses Gewässer. Der Tag ging zur Neige. Bragulla klimperte mit den Münzen in seiner Tasche und trank.

Kurz vor fünf Uhr kam mit dem Pitschener Triebwagen der Pastor von der ersten Weihnachtspredigt in der Nachbargemeinde zurück. Die Kirche war ungeheizt gewesen, der Triebwagen auch, und der Pastor, ungehalten und durchfroren, beeilte sich, nach Hause zu kommen. Er ging schnurstracks zu der wartenden Droschke; der Kutscher schlief auf dem Bock, sein Kopf war ganz im hohen Kragen versunken, und nur der scharfe Schnapsdunst verriet, dass sich unter dem Gebirge aus blauem Tuch etwas Menschliches verbarg.

„Und das am Heiligen Abend“, sagte der Pastor ärgerlich und rüttelte an des Schlafenden Schulter. Jedoch nur die Stute Zorno erwachte, schaute sich um, und weil sie die Sinnlosigkeit der geistlichen Bemühungen sogleich erkannte, wechselte sie nur das Standbein, bevor sie wieder einschlief. Der Pastor hatte wenig Lust, den weiten Weg in die Stadt zu Fuß zu gehen; er schaute sich Hilfe suchend um, und wenn er kein Liberaler gewesen wäre, so hätte er es wohl mit einer Teufelsaustreibung probiert.

„August“, sagte er flehend, „wach auf, Bragulla. Ich muss doch heim, bevor ich die Christnacht halte.“

Bragulla fing an zu schnarchen, sonst rührte er sich nicht. So ein Halunke, dachte der Pastor gereizt, so ein Süffel! Er sah den Bahnhofsvorsteher Przyrembel im matt beleuchteten Eingang stehen und ging zu ihm hinüber.

„Der verfluchte Krieg", sagte der Vorsteher erbittert, „entschuldigen Sie, Herr Pastor, aber es ist zum Kotzen. Der Breslauer Personenzug liegt mit defekter Maschine hinter Basan fest und blockiert die Strecke, und in einer halben Stunde ist ein Transport fällig. Wenn der hier stecken bleibt, weil sie den anderen nicht flottkriegen, kann ich was erleben."

„Ja ja", sagte der Pastor hastig, „wann hat sich denn der Bragulla so betrunken? Jetzt habe ich auch noch den weiten Weg. Wie soll ich denn fertig werden?"

Der schwarze Wind warf ganze Hände voll klebriger Tropfen auf die beiden Männer, und sie traten in die leere, zugige Halle.

„Ich gebe Ihnen mein Rad", schlug Przyrembel vor und blickte auf die Uhr, „aber kommen Sie erst auf einen Kaffee zu mir herein. Einen Moment haben wir noch Zeit, und meine Frau wird sich freuen."

Sie stiegen eine enge Treppe hinauf; als der Vorsteher die Tür öffnete, schlug ihnen ein guter Geruch entgegen. Der Pastor schnupperte und blickte sich in der Stube um.

„Oh", sagte er, „ wie das duftet! Was habt ihr denn Gutes?" Die Frau, klein und mit roten Wangen, knixte und wischte sich die Hände an der Schürze ab. Sie sah heiter und aufgeregt aus.

„Mohnklöße", sagte sie, „Mohnklöße mit Rum. Ein altes Rezept meiner Großmutter. Sonst macht man sie ja ohne Rum, aber der gibt erst das Aroma. Wollen Sie kosten?"

Sie lief wieselflink fort und kam mit dampfendem Kaffee zurück. In der anderen Hand hielt sie einen Teller. Der Pastor nahm die Tasse und blies vorsichtig den Dampf beiseite. Sein Gesicht glättete sich, wurde rund und zufrieden.

„Bohnen", sagte er und trank zwei Schlückchen, „wo habt ihr die noch her? Und den Rum? Einen Happen nur, ja, danke, nicht zu viel, bitte. Nur zum Geschmack, so, Sie wissen ja, Frau Przyrembel!"

Die Mohnklöße waren blauschwarz und glänzten fettig, milchweiß die Semmelbrocken darin. Der Rum duftete. „Wie Blumen", sagte Frau Przyrembel andächtig und hob die großen Nasenlöcher, aus denen lange Haarbüschel sprossen. Der Pastor nickte und schluckte.

„Das Rezept", sagte er, „Frau Przyrembel, bringen Sie es doch mit in die Kirche und geben Sie es nacher meiner Frau. Sie werden doch kommen?"

„Ich komme", sagte die Frau, „für mich gibt es kein Weihnachten ohne Kirche. Das wäre nicht richtig."

Der Pastor wischte sich den Mund und nahm seinen Hut. „Es ist auch nicht richtig", sagte er, „der Baum, das Essen, gut und schön, aber die Hauptsache bleibt die Kirche. Vergesst das nicht, und schönen Dank auch."

Sie gingen fort. Unten holte der Vorsteher das Rad.

„Der Transport hat schon Einfahrt", sagte er düster, als er zurückkam, „es ist, wie ich mir's dachte. Der Breslauer liegt immer noch fest. Das gibt Ärger."

„Was für ein Transport?", fragte der Pastor und trat die Pedale hinunter, „Militär?"

Przyrembel blickte sich vorsichtig um und dämpfte die Stimme. „Nein", sagte er, „er geht nach Auschwitz, mit Juden – die kommen jetzt oft."

Der Pastor biss sich auf die Lippen und trat an. Besser wäre es gewesen, nicht zu fragen. Die Welt war voll von Scheußlichkeiten, und niemand konnte helfen. Er fuhr schon, sah aber die Droschke mit dem Saufbold von Kutscher und kehrte noch einmal um.

„Vergessen Sie nicht, dem Süffel zu sagen, dass ich ihn nicht so stinkend in der Kirche sehen will. Vergessen Sie das nicht."

„Ich denke daran“, sagte der Vorsteher, „aber wie ich ihn kenne, wird er sich nicht viel daraus machen. Die Welt ist schlecht, Herr Pastor, und frohes Fest auch!“

„Danke“, murrte der Pastor, „das gleiche, und Gottes Segen!“

So ein Halunke, dachte er, und gönnte dem Bragulla einen schrägen Blick, als er keuchend an ihm vorbeiradelte. Der Wind stand ihm ins Gesicht, und der Abhang hinauf zur Brücke war steil. Über sein Gesicht lief neben kalten Regenschauern warmer Schweiß.

Mit dem fortschreitenden Abend wurde der Regen stärker. Bragulla erwachte davon, dass es ihm kalt zwischen Schal und Hals hinunterfloss. Er richtete sich auf; überall rieselte, tropfte und sickerte es laut und leise. Es war jetzt ganz finster; ein paar abgeblendete Bogenlampen warfen unsicheren Schein auf Bahnsteige und Schienen, und auf einem Gleis weiter hinten schien ein Zug zu halten; von dorther kamen halblaute Rufe und etwas, das so klang wie vielstimmiges, unterdrücktes Murmeln. Vielleicht war es auch der Wind; die Bäume knarrten und ächzten.

Wie mein Pelz nur stinkt, dachte Bragulla und tastete nach dem Kragen. Vielleicht hatte er ihn bespuckt, aber es war nur die Nässe des Regens zu fühlen. Die Sorgen hatten sich aus Schmetterlingen schon wieder in Fledermäuse verwandelt; er spürte sie irgendwo im Dunkeln näherflügeln. Aber dann fiel ihm plötzlich etwas ein, was die Fledermäuse weit fortscheuchte. Es war Weihnachtsabend.

„Es ist Zeit, in die Kirche zu fahren“, sagte er zu dem schlafenden Pferd, „ich will nur noch etwas essen. Eine Scheibe Brot gibt es auch für dich zur Kleie. Warte!“ Sein Gang war sehr wackelig, aber er kam doch glücklich in die Halle und fand die Tür zum Wartesaal. Der Raum war ebenso leer wie vorhin; nur der Bahnhofsvorsteher stand geistesabwesend in der Tür zu seinem Büro. Bragulla ging an ihm vorbei zur Theke und besah das Bäumchen, an dem jetzt ein paar dünne Kerzen brannten. Die Figuren darunter waren mit silbrigem Flitter bestreut und glitzerten schwach.

Bragulla erlaubte sich ein respektvolles Zwinkern zu dem Kindchen hinüber; das semmelblonde Mädchen griff indessen schon zur Flasche, und er wollte eben abwehren, als der Vorsteher zu ihm kam.

„Machen Sie, dass Sie heimkommen, Bragulla", sagte er, „Sie waren vorhin schon so betrunken, dass der Herr Pastor nicht mit Ihnen fahren konnte. Er hat gesagt, Sie sollten sich in diesem Zustande ja nicht im Gottesdienst blicken lassen. Haben Sie verstanden?"

Bragulla sah den Vorsteher an und schwieg. Dann musste er zweimal hart schlucken. Das Mädchen blickte vom einen zum anderen. Draußen schlugen benagelte Stiefelsohlen auf die Steinplatten.

„Vorsteher", rief eine barsche Stimme.

Bragullas wässerige Augen gingen im Kreis umher, hafteten an dem aufgeschwemmten Gesicht des dicken Mädchens und an der großen Nase des Vorstehers. Die Nase zuckte. Draußen rief die barsche Stimme noch einmal.

„Mein Gott, ist das ein Weihnachtsabend", sagte der Vorsteher und wandte sich zum Gehen, „draußen der Transport und all der Ärger, und Sie saufen hier herum. Schämen Sie sich denn gar nicht? Denken Sie daran, was der Pastor gesagt hat!"

Verboten, dachte Bragulla, er hat mir richtig verboten . . . Er ballte die Fäuste. „Aber ich gehe ja gar nicht", schrie er wild, „ich wäre ja gar nicht gegangen!"

An dem Bäumchen flackerten die Lichter, als der Vorsteher die Tür hinter sich schloss. Bragulla wagte die Figuren nicht mehr anzublicken. Es war ganz still, so still, dass man das Fallen der Stearintropfen hörte und das leise Knistern der trocknenden Nadeln. Die Stimmen entfernten sich.

„Was wollen Sie also?“, fragte das Mädchen.

„Schnaps“, sagte Bragulla, „noch einen Liter. Und ein Stück Brot!“

Er steckte das Brot in die Tasche für das wartende Pferd. Von dem Bäumchen stieg leise gekräuselter Rauch und verflog.

Der Transportführer ging voran, eine Taschenlampe in der Hand. Der Vorsteher folgte mit drei Schritten Abstand. Der Schein der Lampe beleuchtete ein kleines Stück des Weges, erst regennasse Steinplatten, dann Schienen und glänzenden Schotter, zuletzt hellen Kies, der unter den Schritten knirschte. Die schwarzen Umrisse der Güterwagen tauchten aus der Nacht, riesenhafte Schatten, hinter denen sich dumpfes Leben regte. Der Offizier ging an ihnen entlang bis zum vierten oder fünften, wo zwei Posten warteten.

„Es ist so“, sagte er zum Vorsteher, „hier drin ist eine Frau, die heute ein Kind bekam. Wir müssen sie ausladen; ich habe eben mit Oppeln telefoniert: dort treiben sich Rotkreuzkommissionen herum und schnüffeln überall. Es könnte Ärger geben. Sie übernehmen die Frau und sorgen dafür, dass sie in ein Lazarett kommt, verstanden?“

„Jawohl“, sagte der Vorsteher. Er sah den Offizier vor sich und die matt blinkenden Stahlhelme, die überlangen Fahrermäntel der beiden Posten, und er versuchte, nicht auf das vielstimmige gedämpfte Murmeln und Stöhnen zu hören, das hinter den dünnen Holzwänden der Waggons gequältes Leben verriet.

„Also“, sagte der Offizier ungeduldig, „wohin mit ihr? Haben Sie Platz in Ihrer Wohnung?“

Der Vorsteher erschrak und räusperte sich.

„Ich . . . in der Wohnung? Das ist doch eine Jüdin, nicht wahr? Sie wissen doch, die Gesetze . . . ich bin Staatsbeamter.“

„Richtig“, sagte der Offizier und nagte an seiner Lippe,

„was machen wir da? In die Halle können wir sie auch nicht legen. Jedes Aufsehen muss vermieden werden . . . Und in fünf Minuten fahren wir ab. Die Zeit drängt. Was machen wir? Überlegen Sie, Mensch, denken Sie nach!“

In der Wohnung des Vorstehers wurden Weihnachtslieder gesungen. Der klare Ton einer Frauenstimme drang leise bis hierher. Der Vorsteher seufzte und wischte Regentropfen von der Stirn.

„. . . Ihr Hirten erwacht . . .“, sang die Frau; dann nahm der Wind die Stimme mit sich fort.

„Ich weiß“, sagte der Vorsteher, und der Offizier atmete auf, „wir haben draußen am Platz einen alten Wiegeschuppen. Dort kann sie bleiben, bis sie geholt wird. Ich telefoniere nachher, und morgen früh wird sicher jemand kommen.“

„Gut“, sagte der Offizier, „dann los.“

Die beiden Posten hoben den Riegel von der Tür.

Das Pferd fraß Brot aus seines Kutschers Hand. Es tastete mit der Oberlippe und schnoberte vorsichtig; dann nahm es das Brot fort und drückte die weiche Nase zärtlich an Bragullas Wange. Bragulla merkte es nicht. Er schwankte hin und her.

Ich darf nicht in die Kirche, dachte er.

Leute gingen über den Platz; eine Frauenstimme irgendwo sang Weihnachtslieder; dann fuhr ein Zug ab, krachend schlugen Puffer aneinander. Bragulla hörte nicht hin. Er griff zur Flasche und trank einen Schluck, aber der Schnaps schmeckte ihm nicht. Was bin ich doch für ein Lump, dachte er und legte den Arm um den nassen Pferdehals. Das Pferd hielt ganz still. Nach einer Weile mischte sich in das Rinnen und Tröpfeln des Regens, in das Knarren und Zischen der Bäume ein fremdes Geräusch. Es war kläglich und leise, aber die Stute bewegte den Kopf und spitzte die Ohren. Bragulla war an ihrem Hals eingeschlafen; die Stute schwenkte den

Kopf vorsichtig hin und her. Das Geräusch hielt an, und obwohl es sehr leise blieb, konnte man es deutlich von den anderen Geräuschen der Nacht unterscheiden.

„Was ist?“, fragte Bragulla schlaftrunken und hielt sich an der Deichsel fest, um nicht zu stürzen. Das Pferd blies ihm seinen warmen Atem ins Gesicht, und er versuchte mühsam, sich zu ermuntern. Sogleich fiel ihm auch sein Kummer wieder ein, und er stöhnte. Verboten, dachte er, verboten ...

Er lauschte. Er hörte etwas, was dem Jammer junger Katzen ähnelte, aber jetzt gab es keine jungen Katzen, und er wusste sofort, dass es etwas anderes war, etwas, das wie ein Messer alle Dünste seines vernebelten Gehirns durchschnitt. Ein Kind, dachte er ... nein, er dachte: das Kind!

Er ließ die Deichsel los und ging langsam und lauschend über den leeren Platz. Das leise Klagen lenkte ihn. Jetzt war es schon ganz nahe, und er ging horchend um den alten Schuppen herum. Das Kind war darin, und nun hörte er auch die sanfte und beruhigende Stimme einer Frau. Er tastete nach dem Riegel, spürte das schwere Schloss, griff mit beiden Händen zu und musste lachen. Bin ich etwa schwach, lachte er, bin ich ein Schreiber? Er hielt das Schloss in der Hand, ließ es fallen und schob den Riegel zurück.

Als er Feuer schlug, sah er beide, das Kind und die Frau. Sie lagen auf alten Säcken in der Ecke, das Kind in eine Decke gewickelt, die Frau mit einem gelben Stern auf der Brust, und der Kutscher Bragulla blickte sie an. Er sah die Frau, das Kind und den Stern, er sah das Geheimnis, das größte und tiefste der Welt und das schönste zugleich. Und der Kutscher Bragulla tat, was einzig er konnte, er verneigte sich, neigte sich so tief wie noch nie in seinem Leben, und wenn er auch taumelte und einen Schritt zurücktreten musste, um sein Gleichgewicht wieder zu finden, wenn auch sein stinkender, alter Pelz an einem Nagel hängen blieb und knirschend riss, so verbeugte er sich doch gleich noch einmal.

„Wer bist du?", fragte er dann mit schwerer Zunge.

Die Frau hob ihre Augen zu ihm; die schwache Flamme des Feuerzeugs ließ sein Gesicht wohl wild und furchtbar erscheinen. Sie zog das Kind eng an sich.

„Ich bin eine Jüdin", sagte sie.

„Ich wusste es", sagte Bragulla froh, „ich habe es gleich gewusst. Du musst dich nicht fürchten."

Er blickte sich um, und alles, was er sah, sagte ihm, dass er Recht gehabt hatte, denn wenn dies auch kein Stall war, sondern ein alter Schuppen, so kommt es doch darauf nicht an. Stall oder Schuppen, heute oder gestern oder vor zweitausend Jahren – darauf kommt es nicht an.

„Du kannst nicht hier bleiben mit dem Kinde", sagte der alte Kutscher, „wohin soll ich dich fahren?"

„Ich weiß nicht", sagte die Frau und zitterte, „überall ist es schlimm.

„Überall ist es gut, wo das Kind ist", sagte Bragulla ganz sicher, „und ich werde dich jetzt zu meinem Bruder bringen; er hat einen kleinen Hof an der Grenze. In fünf Stunden sind wir dort."

Die Droschke fuhr durch die Stadt. Die Stute ging zuerst langsam die Steigung hinauf; als sie in den harten Wind geriet, der schwere Regenschauer vom offenen Land her über die ungeschützte Brücke jagte, begann sie zu traben und bremste wieder, als die Straße sich zur Stadt hinabsenkte. Sie tat das alles ganz allein, denn der Kutscher hielt die Zügel lose in der Hand. Er war betrunken wie noch nie, betrunken vom Schnaps, vom Glück und der heißen Freude, die in seinem Herzen brannte, und er sang. Irgendwo vor kurzem musste er dies Lied gehört haben, das ihn jetzt nicht losließ; er sang es immer wieder: „Ihr Hirten erwacht, erhellt ist die Nacht."

Aber diese Nacht war dunkel, und niemand erwachte. Die

Stadt schlief und das ganze, weite Land. Kein Laut drang aus den Stuben, und die schweren Vorhänge, die Verdunkelungsrollos, von Bürgersfrauen sorglich herabgezogen, ließen keinen Laut hinein. Die Menschen schliefen. Die Straßen waren erfüllt vom Geräusch des Regens und des Windes, der sich an den Hausecken rieb. Das Rollen der Räder, Bragullas Gesang brachen sich an den festen Mauern, hallten zurück und verschollen ungehört.

Die Stute trabte. Mit ihren Läden und Kneipen, schwarzen Einfahrten und helleren Giebeln zogen die Straßen vorbei, nirgendwo brannte ein Licht. Manchmal quäkte es leise in der Tiefe des Wagens; dann bewegte die Stute die Ohren und trabte schneller. Die Stadt öffnete sich, bog ihre Arme auseinander und entließ das Gefährt in die laute, unruhige Nacht. Von vorn rückten die Bäume der Landstraße heran, glänzten matt im trüben Schein der Laternen, glitten vorbei und machten anderen Platz. Noch auf den fernsten Hügeln, über die sie fuhren, rauschten Regen und Wind. Die Stute trabte, und der Kutscher sang.

Als der Himmel sich erhellte, fuhren sie einen breiten, zerfahrenen Landweg entlang. Niedrig und grau hingen Wolken über einer unermesslichen Weite. In kleinen Dörfern rauchten Düngergruben inmitten ruppiger Höfe und Gärten und zogen langsam vorbei. Dann wieder knarrte der Wagen durch Bachtäler, in denen schwarze, rundköpfige Weiden wuchsen, erkletterte kahle, braune Hügel, hinter denen sich neue Einöden auftaten; ein riesiges leeres Land. Nach einer langen, langen Zeit hielt Bragulla die Stute an, nahm seine Mütze ab und neigte sich zur Seite.

„Siehst du“, sagte er und zeigte auf eine Telegrafenleitung, die mit schlanken, sich neigenden Masten von einem Horizont zum anderen führte, „jetzt sind wir gleich da. Dort hinten in der kleinen Mulde liegt der Hof.“

Er bekam keine Antwort und bückte sich noch mehr, um ins Innere des Wagens sehen zu können. Die Frau lag da, an die Wand gelehnt, und schlief. Das Kind hatte sie sicher im Schoß, und auf ihrer Brust brannte der Stern.

„Zorno", sagte der Kutscher Bragulla, so leise er es vermochte mit seiner heiseren, vertrunkenen Stimme, „sie schlafen, Pferd. Geh, Zorno, geh!"

Phil Bosmans

Ein einziges Wort

Ein einziges Wort,
wenn es nur ins Herz dringt,
kann das Herz verwandeln,
kann ein Wort werden, eine Geburt,
ein Stück Brot für den Anfang,
ein Stern, der vom Himmel fällt.

István Szamosközi

Der Gang nach Bethlehem

Es geschah zu jener Zeit, als es in Kleinkumanien, wie in vielen Gegenden Ungarns, um Weihnachten herum noch Brauch war, nach Bethlehem zu gehen. So nannte man die Sitte, dass die Burschen in der Weihnachtszeit als Hirten verkleidet mit einer selbst geschnitzten Krippe von Haus zu Haus zogen und Weihnachtslieder sangen.

„Wohin des Weges?“, klang von der anderen Seite der Gasse die Frage einer wohlklingenden Männerstimme herüber, und für einen Augenblick erlosch das Knirschen der Stiefel auf dem gefrorenen Schnee.

„Dem Kinde die Ehre erweisen“, klang die Antwort von dieser Seite, und schon ging man weiter.

Die Großväter der Szombatis, Fabiáns, Duzmaths und der anderen heute lebenden Kumanier schliefen zur Zeit unserer Geschichte noch im Ofenwinkel oder in den von den Kindern vieler Generationen abgenützten klapprigen Wiegen.

Die Mutter stillte den kleinen András Becze, dann sagte sie zu ihrem Mann: „Wir könnten gehen, András ...“

Aber András Becze hatte noch keine Lust dazu, besonders da er hörte, dass das kleine Tor ging. Vielleicht brauchte man gar nicht zu gehen, wenn etwa Besuch käme. Wenn *sie* kämen. Aber nicht der erhoffte Besuch kam. Schallende Kinderstimmen sangen draußen: „Der heilige Engel Gottes ...“ So begann damals das Krippenspiel der Reformierten. Mit Kuchen und Kreuzern belohnt, zogen die Kinder weiter. Undeutlich vernahm man schon aus dem nächsten Hof: „... und sprach zu ihnen ...“

„Wir wollen gehen!“, drängte die blonde junge Frau mit dem hübschen Gesicht den Mann. Sie hatte das Umhängetuch vorn zugeknotet; es reichte ihr zweimal um die schlanke Taille. Der Mann gab seine Zustimmung damit, dass er sich kräftig auf beide Hände stützend vom Tisch aufstand. Er war ein rotwangiger, kräftiger, brauner Mann, einer aus dem alten Reiterschlag, die im Kreuz lang sind und kurze Beine haben. Sie wirken klein, wenn sie aufstehen.

Kaum hatten sie sich auf den Weg begeben, so blieb der Mann stehen. Nicht als wollte er vielleicht etwas sagen, sondern nur, um nicht immer gehen zu müssen, besonders in der Richtung, in der sie voranstrebten.

„Ich soll ihn einen Bettler genannt haben?“, fragte er, als wäre darüber bis jetzt nie ein Wort gefallen.

Die Frau antwortete auf der Stelle. Schließlich war Máté Boros ihr Bruder, und es war ihr nicht einerlei, wie alles kommen würde. Sie wandte sich ihrem Mann zu.

„Das habt Ihr . . . Gewiss. Und, dass er eine Schrift bringen soll, wenn er etwas haben will, denn nur so würdet Ihr ihm etwas geben. Aber auch dann noch wolltet Ihr es Euch zweimal überlegen. Auf Bettelworte jedoch würdet Ihr gar nichts geben . . .“

Der Mann griff nach dem Strohhalm, der sich ihm bot.

„Bettelworte . . . ja, aber dass er ein Bettler sei, habe ich nicht gesagt. Man redet halt allerlei, wenn man verärgert ist. Dass eine Schrift gebraucht wird? Eine Schrift braucht man, das sage ich auch heute noch.“

„Das brauchte man aber heute nicht gerade zu sagen“, widersprach die Frau, wie Frauen manchmal klug und gut zu widersprechen verstehen.

Der Mann sagte auch nichts, er ging weiter, und in seinem Innern mahlte still die Mühle der Vernunft. Erst fielen Kornrade und taube Körner durch das Sieb.

Es stimmt, grübelte er, dass ich ihn einen Bettler genannt habe, obwohl er mein Schwager ist und ein ehrbarer Mann. Auch ist die Familie groß, recht groß. Er brauchte auch die

Ziegelsteine. Das Haus der Schwiegermutter droht einzustürzen. Er brauchte sie . . .

Nun fiel ihm das Mehl aus den Körnern in die Hände, rein und weiß.

Man müsste sagen: Ich geb' sie dir! Ich geb' sie dir, und dann ist es in Ordnung. Ich geb' sie dir, dann . . .

Das Sieb und der Mühlstein blieben an irgendeinem harten Korn stocken. Die Frau und der Mann aber gingen weiter. Wie lang manchmal ein so kurzer Weg auch ist, schließlich gelangt man doch ans Ziel.

„Da wären wir", sagte still die Frau und schritt entgegen der Gewohnheit als Erste durch das halb geöffnete Seitentor in den Hof ihres Bruders. Der Mann stampfte die Stiefelsohlen gegen den großen Stein vor dem Brunnen und hüstelte. Das war so Brauch. Innen hörte man es, und die Tür tat sich auf. Der zehnjährige kleine Máté steckte den Kopf heraus und rief laut: „Da, Onkel András!"

Schon waren sie in der Stube. Der Hausherr saß am Tisch neben der Lampe vor einer Spiegelscherbe und rasierte sich.

Auch das trifft sich gut, dachte András. Es geht doch nicht so plötzlich los.

Man reichte sich die Hand. Die Großmutter umarmte ihre Tochter. Man war lange nicht so beisammen gewesen. Das Gespräch bei den Frauen kam gleich in Gang. Die vier kleineren Kinder wurden lebhaft, sie quirlten herum, sie taten wichtig. Nach Art der Kinder spürten sie bald, dass die auf Ordnung sehende Aufmerksamkeit der Erwachsenen nachgelassen hatte.

Máté wurde mit dem Rasieren fertig, wusch sich das Gesicht und setzte sich wieder an den Tisch. Die Frauen waren nun schon wieder ganz in ihr Gespräch vertieft, aber die Frau von András hörte deshalb doch, als ihr Mann begann:

„Die Nacht wird es wieder kalt, es hat sich aufgeklärt . . ."

Máté nickte. „Ja. Auch gestern war es kalt. Aber es liegt

reichlich Schnee. Er hat sogar das Schilfrohr auf dem Dach geknickt."

Jetzt sind wir bei der Sache, dachte András, jetzt muss man es sagen!

„Wir werden es im Frühjahr machen!", sprach er es aus. „Wir werden die Ziegel von *dort* herüberbringen, wenn sie hier gebraucht werden."

Dies hörten alle drei Frauen. Ihre Worte stockten, aber nur für einen Augenblick.

„Von dort!" Dieses „von dort" war der Hof des András, diese Ziegel, das waren die Ziegel des András, derentwegen man sich im Frühjahr verfeindet hatte. Das war ein Wort, ein Wort, wie es zum Gang nach Bethlehem, zu Weihnachten passte. Auf ein solches Wort schickte es sich, im Namen des Herrn Jesus zu hören.

Und Máté antwortete mit klarer Stimme: „Das wird recht sein, wenn du meinst!"

Und András sagte: „Ja, hier werden sie gebraucht."

Die alte Frau wischte glücklich kleine Trinkgläser aus. Irgendwo mochte sie noch eine Flasche Wein haben. Der kleine Máté kümmerte sich nicht viel um das, was hier vorging. Er war ein sehr guter Schüler und saß auch jetzt und lernte. Aus dem Kleinen Heimatspiegel sagte er auf, was er auswendig gelernt hatte:

„Die ebene Flur des Komitates Békés lohnt
des Bauern Mühe reich mit Korn . . ."

Dann stieß man an. Die Weihnacht strich sanft über das Dorf, damit aus guten Vorsätzen gute Werke werden; aus Steinen Brot, Obdach, Segen.

Dieter Stork

Ankunft

Das Kind kam unterwegs. Der Mann war mit der Frau zu Besuch in der Stadt bei Freunden. „Wir müssen nach Hause oder ins Krankenhaus. Du kannst das Kind nicht hier kriegen. Bei Bekannten in der Wohnung. Das ist unmöglich. Hier ist es zu eng." Der Mann sprach sanft und beruhigend.

„Ich will nicht ins Krankenhaus", sagte die Frau. „Das auf keinen Fall", sagte sie. „Lass uns nach Hause fahren. Wir brauchen eine Hebamme, einen Arzt." Die Wehen wurden stärker.

„Ich bestelle ein Taxi", sagte der Mann. Seine Hände zitterten, als er die Nummer wählte. Das Taxi kam sofort. Der Mann erinnerte sich an die Geschichte mit dem Esel, an die Träumerei: Esel oder Pferd. Er musste trotz seiner Aufregung lachen.

„Hast du Geld?", fragte er die Frau. Die Frau blickte ihn ängstlich an. Woher sollte sie Geld haben?

„Wir könnten es auslegen", sagte die Bekannte und ihr Mann nickte. Die Frau und der Mann stiegen ins Taxi ein. „Gleich sind wir zu Hause", sagte der Mann. Schon wieder die Wehen.

Die beiden saßen im Fond des Taxis. Der Mann hielt seine Frau fest. An den Ampeln war immer rot.

„Rushhour!", sagte der Taxifahrer. Er drehte sich zu der Stöhnenden um, die sich hin und her warf. Er fuhr rechts ran. „Keinen Meter mehr weiter", dachte er, „es brennt wirklich."

Sie befanden sich im Ausländerviertel bei den Türken, äußerlich verkommene Mietshäuser aus den sechziger Jahren, die leerspekuliert werden sollten, damit sie dann abgerissen werden konnten, dazu halbverfallene Ackerbürgerhäuser aus dem Mittelalter, Fachwerkstil. Büronobelschuppen sollten hier entstehen, die Geld brachten. Aber die Bewohner hielten an ihren Wohnungen fest, verteidigten sie mit Klauen und Zähnen.

Eine Frau kam aus dem Haus gelaufen. Sie überblickte die Lage sofort. „Schnell, schnell, reinkommen“, rief sie. Die Haustür öffnete sich. Eine Gruppe von Frauen saß zusammen. Die Frauen redeten alle durcheinander. Dann hatten sie sich schnell verständigt. Jede übernahm eine Aufgabe.

Die Schwangere war jetzt im Haus. Sie saß auf einem Küchenstuhl in der Küche. Der Mann und der Taxifahrer hatten die Frau in ihre Mitte genommen. Sie standen neben der Frau und hielten sie fest.

Die Frau gebar. Das Kind kam sofort. Die Türkenfrau holte das Kind. Der Taxifahrer und der Mann legten die Frau auf das Sofa in die Küche. Das Kind schrie laut und wunderbar. Es hing an seiner Nabelschnur und lag auf dem Bauch der Mutter. Die Türkin, die das Kind geholt hatte, lief mit kleinen Trippelschritten neben der Mutter hin und her. Sie blickte stolz um sich.

Es war warm im Zimmer. Eine junge Türkin hatte warmes Badewasser in die Wanne geschüttet. Sie schüttete etwas kaltes Wasser zu, bis es lauwarm war. Mit dem Ellenbogen prüfte sie das Wasser.

Jetzt nahm die Türkin, die das Kind geholt hatte, das Baby. Sie wiegte es im Badewasser vorsichtig hin und her. Das Kind war noch immer an der Nabelschnur. Es schien sich im Wasser wohl zu fühlen. Es hatte aufgehört zu schreien. Jetzt wurde die Nabelschnur durchgeschnitten. Das Kind war also zur Welt gekommen. Es war ein Junge. Eine Türkin kam mit einer Decke und einem Kissen gelaufen. Das Kind wurde in das Kissen gehüllt.

Die Türkin legte das Kind an die Brust seiner Mutter. Das Kind begann sofort zu saugen. In der Küche war es jetzt still.

Der Vater ging zu der Türkin, die das Kind geholt hatte. „Danke“, sagte er.

„Nix danken“, sagte die Türkin, „Kind geboren, gut!“

Dann begann ein großes Hallo, ein Rennen und Laufen und Gratulieren. Jemand holte einen Schnaps, einen Raki. Es wurden türkische Lieder gesungen. Jemand anderes brachte einen Honigkuchen. Türkische Pizza wurde herumgereicht. Es wurde eine überschäumende Feier.

Das Kind war ohne große Umstände zur Welt gekommen. Fast am Straßenrand. Wirklich eine Angelegenheit am Rande. Die Gnade Gottes, die erschienen sei, wie es in den Schriften heißt, war und blieb eine Sache am Rande. So kam es allen vor, nicht nur den Agnostikern.

Hilde Heisinger

„Kun joulo on – Wenn Weihnachten ist ..."

Auf die Festfreude der Familie Jäntti fiel ein Schatten, als kurz vor Weihnachten der Vater nach Hause gehumpelt kam. Er ließ sich mit unterdrücktem Stöhnen auf der Bank neben der Tür nieder, als hätte seine Kraft nur noch bis hierher gereicht. Frau Jäntti sah das verkrustete Blut an seinem Fuß. Sie presste die Hand gegen den Mund, um den Schrei zurückzuhalten.

„Yrjö – was ist passiert?", fragte sie und kniete vor ihm, um vorsichtig Schuh und Strumpf zu entfernen.

„Ein Wilddieb hat in meinem Revier eine Falle gesetzt. Ich bin hineingeraten", sagte Yrjö Jäntti, „und ausgerechnet heute, als ich ohne Schneeschuhe durch den Wald gegangen bin."

„Ich mach dir ein Fußbad aus Thymian und Kamillenkraut", tröstete Frau Jäntti ihren Mann, „bis Weihnachten wird die Wunde ausgeheilt sein."

„Und wer tut bis dahin alles das, was ich tun müsste? Wer macht die Kontrollgänge zu den Fuchsfallen? Wer füttert das Vieh? Und wer soll die Weihnachtstanne schlagen? Hast du dafür etwa auch ein Kraut?"

Er sagte es halb scherzend, halb verbittert, denn er grämte sich über das Missgeschick und ärgerte sich über den Unbekannten, der die Falle heimlich aufgestellt hatte. Wer ...?

Er hielt den verletzten Fuß in das lindernde Wasser, stützte die Ellbogen auf die Knie und den Kopf in die Hände. Grübelnd saß er neben dem Herd. „Wo sind die Kinder?", fragte er nach einer Weile.

„Sie sind alle vier beim Nachbarn", erwiderte Frau Jäntti,

„sie üben dort Weihnachtslieder, so dass ich hier ungestört backen konnte. Gerade wollte ich das Fleisch aus der Salzlauge nehmen, da hörte ich dich kommen."

„Mach weiter, Leena, es lenkt mich ab, wenn ich dir zugucke."

Frau Jäntti krempelte die Ärmel hoch und griff in den Holzbottich. Mit beiden Händen packte sie den schwarzen Schweineschinken und trocknete die Salzlauge ab. Dann hüllte sie das Fleisch in Pergamentpapier und umwickelte alles mit einem dicken Teig aus Roggenmehl und Wasser. Sie legte das Ganze in die Bratpfanne und schob sie in den heißen Backofen. Nun mochte der Festbraten stundenlang weichbacken und mit seinem würzigen Duft das Haus erfüllen. Das gab Weihnachtsstimmung. Sie summte vor sich hin. Mit einem Lächeln trat sie vor ihren Mann und legte ihm die Hände auf die Schultern.

„Tut es noch sehr weh, Yrjö? Wegen der Arbeit musst du dir keine Gedanken machen. Ich kann die Tiere füttern. Raili hilft mir dabei. Und Pentti ist schon groß genug, um nach den Fallen zu sehen und die Tanne zu schlagen. Vielleicht ist es sogar gut für ihn, wenn er ganz allein, ohne deine helfende Hand, etwas ausführen muss – unser Träumer ..."

„Pentti? Der kann nicht mal einen Nagel in den Schnee klopfen", sagte Yrjö Jäntti und sah seine Frau zweifelnd an. „Wenn er mit mir durch den Wald geht, guckt er in den Himmel, anstatt Fährten zu suchen."

„Er kann geschickt sein, wenn er will."

„Du nimmst ihn in Schutz – wie üblich", brummte Yrjö Jäntti. Aber dann glänzten seine Augen plötzlich.

Er lauschte. Noch ehe seine Frau einen Laut vernommen hatte, hörte er das Stapfen im Schnee, das aufgeregte Plappern von Kinderstimmen und Hundegebell. Die Tür flog auf, und mit einem Windstoß kamen die vier Jäntti-Kinder hereingestürmt. Vermummt in Kapuzen und mit schneeverklebten Schuhen. Die Augen der beiden Kleinsten, Hilkka und Tapio, sprühten vor Aufregung.

„Wir haben ihn gehört! Er hat ans Fenster geklopft, und dann ist er mit seinem Schlitten wieder nach Kowatunturi gefahren. Wir haben ihm alle unsere Wünsche durchs Fenster zugerufen. Alle, alle Wünsche. Wie oft müssen wir noch schlafen, bis Weihnachten ist?“

„Ist es wahr, dass der Weihnachtsmann in Lappland wohnt?“, fragte Raili.

„Es ist so wahr wie unsere alten Sagen“, erwiderte der Vater.

Erst jetzt entdeckten die Kinder, dass er seinen Fuß kühlte, und sie bedauerten ihn, jedes auf seine Weise. Aber das Bedauern war zugleich mit besorgten Fragen verknüpft: Würde er am Weihnachtsmorgen mit zur Kirche gehen können? Und wie war es mit dem täglichen Marsch durch das Waldrevier? Pentti hatte den Vater zwar manchmal begleitet und kannte die verschwiegenen Verstecke der Fallen, aber traute er sich zu, ganz allein die harte Arbeit eines Fallenstellers zu tun?

Die Mutter nickte aufmunternd, bis Pentti, verwirrt über den eigenen Mut, ein wenig stotternd sagte: „Ich – ich werde es tun. Aber darf ich Nalle dann mitnehmen?“

Der Hund, der bis dahin die Kinder mit zufriedenem Schnaufen umkreist hatte, spitzte die Ohren, als er seinen Namen hörte. Er legte den Kopf auf Penttis Knie und sah ihn unverwandt an.

An diesem Abend saß die Familie Jäntti länger als sonst um den weiß gescheuerten Holztisch. Jedes Kind musste erzählen, was es dem Weihnachtsmann zugerufen hatte, ehe er in seinem Rentierschlitten wieder gen Norden fuhr.

Pentti wünschte sich eine Angelrute. Das sieht ihm ähnlich, dachte der Vater, angeln und träumen . . . Raili hingegen liebäugelte mit neuen Schneeschuhen und einer Spielzeugflinte. Hilkkas Wunsch war eine Kantele, eine Zither, um darauf Lieder zu begleiten, die sie abends gemeinsam sangen, und Tapio wünschte sich einen kleinen, roten Schlitten mit einem weißen Rentier, wie der Weihnachtsmann ihn besaß. „. . . und auch eine Kapuze, mit Fuchsfell gefüttert, gegen den scharfen Frost, wenn ich nach Kowatunturi fahre . . .“

Der Wind sang ums Haus. Aus einer Ritze des Backofens strömte der warme, gute Duft des Festbratens. Mutter schlug vor, dass sie vor dem Schlafengehen das Lied singen wollten, das die Kinder heute einstudiert hatten. Alle sangen mit:

„Wenn die Erde verschneit und die Seen voller Eis sind
und das Auge der Sonne erloschen,
wenn die Schwalbe weit fort ist
und der Wald öde, ohne Lieder,
geht ein warmer Hauch durch die Winterkälte,
wenn Weihnachten ist, wenn Weihnachten ist.“

„Wie oft müssen wir noch schlafen, bis Weihnachten ist?“, fragte Tapio.

„Noch dreimal“, sagte die Mutter.

Am nächsten Morgen trieb der Wind vereinzelte Flocken in Penttis Gesicht, als er zum ersten Mal ganz allein den Kontrollgang durch das Waldrevier antrat. Dieser leichte Hauch war der Vorbote eines heftigen Schneefalls, den die ziehenden Wolken ankündigten. Auch Nalle sah nach kurzer Zeit wie mit Zucker bestreut aus. Vorsichtig lief er in der Spur der Schneeschuhe hinter Pentti her.

Der Pirschweg führte durch dichtes Unterholz, aus dem hier und da eine einzelne Tanne oder Espe als Orientierungspunkt ragte. Aus dem verschneiten Gebüsch flogen Schneehühner auf, huschten Wildkaninchen davon, wenn Nalle sie mit tapsigen Sprüngen jagte. Pentti dachte an die Ratschläge, die der Vater ihm mit auf den Weg gegeben hatte, welche

Pfade er vermeiden und welche er begehen sollte. Bei stärkerem Schneefall sollte er vorzeitig umkehren. Vor allen Dingen hatte er ihn gewarnt, in jenen Teil des Reviers zu gehen, in welchem der Wilddieb am Werk gewesen war.

Ein paar Fuchsfallen waren zugesprungen. Fleischstücke, als Lockspeise ausgelegt, lagen noch zwischen den Eisen. Hatte ein fallender Zweig die Sprungfedern zum Zuschnappen gebracht? Pentti spannte die Fallen sorgfältig ein, wie er es vom Vater gelernt hatte. In einem Fangeisen hing ein Büschel Haare. Die Schweißspur zeigte an, dass ein Tier nur mit knapper Not entwischt war. Die meisten Fallen aber waren unberührt. Pentti war enttäuscht. Nicht einen einzigen, strammen Fuchs würde er mit nach Hause bringen.

Als er den Buchenwald erreichte, der im Norden die Grenze zum Nachbarrevier bildete, überlegte Pentti minutenlang, ob er lieber umkehren oder noch die Streife durch den Wald machen sollte. Es schneite heftiger. Ratsamer wäre es, umzukehren. Aber auf dem anderen Weg kam er am Moorsee vorbei und konnte nachsehen, ob die Luftlöcher für die Fische noch eisfrei waren. Während er an die neue Angel dachte, die er vielleicht zu Weihnachten bekommen würde, setzte er seinen Weg fort, in Träume versunken: Hechte und Dorsche würde er fangen . . . Aber das Schönste für ihn wäre – an einem Sommertag am See zu sitzen und nur so dahinzudösen, während er die Angel hielt! Wenn die Sonnenkringel auf dem Wasser zitterten und im Schilf die Rohrdommel rief . . .

Unwillkürlich schlug er den Pfad ein, der in gerader Richtung zum See führte. An dem kalten Luftzug spürte er, dass er schon ganz nahe war. In diesem Augenblick blieb Nalle stocksteif stehen. Er winselte, und sein Fell sträubte sich.

Pentti blickte forschend umher. War ein Raubtier in der Nähe? Ein Fuchs oder ein Luchs? Er durchbohrte das Dickicht mit seinen Blicken, ob irgendwo sich ein Zweig verräterisch bewegte. Er horchte. Aber kein Laut war zu hören. Gerade wollte er den Hund mit einem Klaps anfeuern und ihn am Halsband fassen, als er selbst wie erstarrt stehen blieb.

Vor ihm, wo der See sich in seiner weiten Eisdecke dehnte, schimmerte ein heller Schein. Durch das sanfte Schneegestöber war zu erkennen, dass ein Licht auf dem See einen silbernen Glanz verbreitete. Es sah so unwirklich, geradezu überirdisch aus, dass Pentti kaum zu atmen wagte. Irrlichter gab es nicht – aber wenn nun doch jetzt in der Weihnachtszeit etwas geschah, was sonst nicht geschehen konnte?

Auf alle Fälle musste er ergründen, was es war, um es nachher daheim zu erzählen. Sie würden zwar alle wieder sagen: „Er hat rosa Eulen am helllichten Tage gesehen" – aber das war ihm gleich. Er löste sich aus der Erstarrung, und da es ihm doch nicht ganz geheuer vorkam, beschloss er, zu singen. Singen macht mutig, hatte Mutter ihn gelehrt. Er zog Nalle hinter sich her und begann, während er die Eisdecke des Moorsees betrat:

„Wenn die Erde verschneit und die Seen voller Eis sind
und das Auge der Sonne erloschen . . ."

Nicht umsonst war Pentti der beste Sänger im Knabenchor der Kirchengemeinde. Seine helle Stimme schwang sich über den See, glockenrein und feierlich. Aber er kam nicht dazu, den Vers zu beenden. Ein unterdrückter Ruf, halb Fluch, halb Angstschrei, klang durch das Schneegestöber. Knirschende Schritte schlitterten über das Eis. Im Grauweiß der Flocken tauchte schemenhaft eine Gestalt auf und verschwand . . .

Wütend kläffte Nalle los und zog am Halsband, um freizukommen. Aber Pentti hielt ihn fest und schritt auf das Licht zu.

Über dem aufgehackten Eis hing an einem Pflock eine Azetylenlampe, deren blauweiße zischende Flamme in das

Loch hineinschien. Eine Angelschnur hing im Wasser, daneben lag ein Sack. Ein paar Schritte weiter lag etwas, das Penttis Augen kreisrund werden ließ: drei tote, zusammengebundene Füchse, Prachtkerle – ein Graufuchs und zwei Rotfüchse, die offenbar in Fallen gegangen waren, die zu Yrjö Jänttis Revier gehörten.

Pentti begriff, dass er den Wilddieb verscheucht hatte, als er sich obendrein einen Hecht für die Feiertage angeln wollte. Er schraubte die Lampe niedrig, so dass sie zuckend verlöschte. Ihr Schein hatte den Fischen Tageshelle vortäuschen sollen, um sie anzulocken. Er nahm die Füchse, rief Nalle bei Fuß und lief auf kürzestem Weg nach Hause.

Immer wieder musste Pentti Einzelheiten seines Abenteuers erzählen, das, wie der Vater meinte, auch böse hätte ausgehen können, wenn der Wilderer durch den Gesang des Weihnachtsliedes nicht verwirrt worden wäre.

„Die Angst hat ihn gepackt. Er ist blindlings davongelaufen. Wer mag es gewesen sein?"

Der Tag des Weihnachtsfestes begann damit, dass die Badstube geheizt wurde. Nachmittags gingen alle in die Sauna, „um Körper und Seele von den Schlacken zu befreien und rein das schönste Fest zu begehen . . ."

Die Spannung wuchs, als die Familie sich hinterher im Sonntagsstaat um den Tisch versammelte, auf dem der Festbraten, von Ilexzweigen umkränzt, einladend duftete. Die braune Kruste wurde entfernt. Jeder erhielt ein saftiges Stück Fleisch, das mit Senf bestrichen und mit Zucker und Zwiebackkrumen bestreut wurde. Es gab Safrankuchen und Schmalzgebäck, und jeder durfte essen, so viel er wollte. In der Spitze der Tanne, die Pentti und Raili gemeinsam im Wald gefällt hatten, hing die finnische Flagge. Die Kerzen brannten und warfen ihren flackernden Schein auf den Julbock, der wie jedes Jahr zwischen den Fenstern stand. Er war aus Stroh gefertigt und mit roten Bändern umwickelt. Der Vater las nach dem Essen einen Psalm vor, während die Mutter unauffällig hinausging, um den Vögeln eine Hafergarbe vor die Haustür zu stellen.

In diesem Augenblick rumpelte und klopfte es gegen die Fensterscheibe, polterten Pakete in den Hausflur, und ein undeutliches: „kun joulu on – Weihnachten ist da“ war wie aus weiter Ferne zu hören.

Wie immer war Mutter die Einzige, die den Weihnachtsmann leibhaftig zu sehen bekommen hatte, weil sie gerade in dieser Minute an die hungernden Rotkehlchen dachte. Sie gab eine genaue Schilderung, wie er ausgesehen hatte, aber ihre Beschreibung ging unter in dem Jubel, mit dem die Pakete geöffnet wurden. Sie waren fest verschnürt und mit Lacksiegeln versehen. Aus den Papierhüllen schälte sich für jedes Kind das heraus, was es sich brennend gewünscht hatte. Tapio nahm einen kleinen roten Schlitten mit ins Bett, als um zehn Uhr die Kerzen ausgelöscht wurden.

Die Sterne glitzerten noch, als am nächsten Morgen von überallher Schellengeläute erklang. Das einsame Glöckchen der Holzkirche rief zur Weihnachtsmesse. Für Yrjö Jäntti war es hart, dass er zu Hause bleiben musste, weil die Wunde am Fuß noch nicht verheilt war. Aber ein Trost für ihn war, dass alle Kichengänger nach ihm fragten, weil sie seine Stimme im Chor vermisst hatten. Sie hielten auf ihrem Heimweg vor seiner Tür den Schlitten an und wünschten ihm gute Besserung.

Auch die Nachbarfamilie kam, um bei Warmbier und Kuchen die üblichen Weihnachtswünsche und Gaben zu bringen. Ein wenig vorwurfsvoll schalt der Nachbar: „Warum hast du es mich nicht wissen lassen, Yrjö, dass du nicht laufen kannst? Ich hätte dich zum Schlitten getragen und zur Kirche gefahren – eigenhändig, denn mein Knecht . . .“ Er lachte auf und rieb sich das Kinn.

„Was ist mit dem Knecht?“, fragte Yrjö Jäntti.

„Fort. Er hat mir gekündigt, weil die Gegend hier nicht geheuer sei.“

Pentti hob den Blick und sah den Vater an. Nun wussten sie, wer der Wilddieb war. Aber sie sagten nichts, denn am ersten Weihnachtstag ist es in Finnland Brauch, dass jedes Unrecht vergeben wird.

Rudolf Otto Wiemer

Licht aller Welt

Ein Stern ging auf um Mitternacht,
hat aller Welt das Licht gebracht.

Ein Licht so groß wie alle Welt,
davor die Nacht zu Boden fällt.

Ein Licht so rein wie Himmelsschein.
Wir sollen Gottes Kinder sein.

Ein Licht so weit wie alle Zeit.
Das führet in die Ewigkeit.

Ein Stern ging auf um Mitternacht,
hat aller Welt das Licht gebracht.
Ehre sei Gott in der Höhe!

Manfred Hausmann

Martin entdeckt den Weihnachtsstern

Da der Winter mit den funkelnden Sternennächten vor der Tür steht, haben Christoph und Görge sich einen Linsensatz für zwei Mark sechzig kommen lassen und sind allen Ernstes dabei, ein Himmelsfernrohr zu erbauen. Martin geht einige Tage mit den Händen in den Taschen um die Arbeitenden herum und fragte sie hin und wieder etwas. Dann zieht er sich in sein Kämmerchen zurück.

„Christoph und Görge", sagte er eines Abends beim Essen, „glaubt ihr, dass ich hiermit einen Stern erkennen kann?" Er holt, sich auf dem Stuhl zur Seite neigend, eine leere Zwirnrolle aus seiner Tasche, hält sie vors Auge und richtet sie auf die Lampe über dem Tisch.

„Das soll nämlich ein Fernrohr sein."

„Zeig mal her!" sagte Christoph lachend.

„Und hier habe ich eine Linse vorgemacht. Glaubst du, dass ich da einen Stern erkennen kann?"

Christoph blinzelt hindurch. „Natürlich kann man damit einen Stern erkennen. Alles kann man damit erkennen. Nicht ganz so gut wie mit dem bloßen Auge, aber immerhin."

Der Vater möchte gern wissen, um was für eine Linse es sich handelt. Christoph reicht ihm die Rolle. Die Linse besteht aus einer kleinen dreieckigen Glasscherbe, die Martin mit Blauköpfen vor die Öffnung der Rolle genagelt hat. „Das ist ja ein wunderbares Fernrohr", sagt der Vater, indem er ein Auge zukneift und gleichfalls die Lampe betrachtet.

„Glaubst du, dass ich damit einen Stern erkennen kann?"

„Jeden Stern kannst du damit erkennen. Komm, hier hast du dein Fernrohr wieder."

Aber die Mutter bittet darum, es auch einmal ausprobieren zu dürfen. Nachdem sie es von allen Seiten bewundert hat, sieht sie hindurch.

„Kann ich eigentlich den Mond da auch mit erkennen?", fragt Martin.

Görge wirft ein, heute Abend gebe es keinen Mond.

„Aber Sterne?"

„Sterne genug."

„Dann will ich mal zwei Sterne ... drei Sterne will ich mal mit meinem Fernrohr erkennen."

Sowie das Abendbrot beendet ist, läuft Martin auf die Terrasse und sucht den Himmel mit seiner Zwirnrolle ab. Nach einer Viertelstunde schiebt er sich in die Bibliothek und wartet, dass der Vater, der dort die Zeitung liest, einmal aufblickt.

„Na, Martin?"

„Leider kann ich da doch keinen richtigen Stern mit erkennen."

„Warum denn nicht?"

„Ne. Ich kann nur Punkte erkennen."

„So sehen die Sterne eben aus. Wie Punkte."

„In mein Bilderbuch sehen sie aber ganz anders aus. Weißt doch, mit so Zacken herum und so."

„Die gewöhnlichen Sterne sehen tatsächlich wie Punkte aus. Und wenn du durch Christophs und Görges Fernrohr guckst, dann sehen sie immer noch wie Punkte aus. Da hilft nichts. Etwas anderes ist es wohl mit dem Weihnachtsstern. Der hat wohl diesen herrlichen Glanz und die Strahlen und alles.

„Kann ich den Weihnachtsstern denn mal mit meinem Fernrohr erkennen?"

„Ich glaube nicht, Martin. Er scheint in unserer Zeit nicht mehr am Himmel. Ich hab ihn jedenfalls noch nie gesehen."

„Wie schaade!"

Und dann kommt der Abend, an dem Christoph und Görge ihr Fernrohr zum ersten Male im Freien aufstellen, um die Wunder der Himmelswelt zu erforschen. Es ist inzwischen bitterkalt geworden, bald wird Weihnachten sein, der frisch gefallene Schnee glitzert im Sternenlicht. Die übrige Familie nimmt, in Mäntel gehüllt, an dem Ereignis Anteil. Aber Christoph und Görge haben vor lauter Leidenschaft nicht einmal ihre Jacken an. Sie wollen versuchen, die Monde des Jupiter zu beobachten.

„Welcher ist denn der Jupiter?", fragt Martin.

„Das ist er."

Martin zieht den Mantel hoch und kramt in seiner Hosentasche herum. Dann setzt er sein Fernrohr an, beugt den Kopf zurück und sucht den Jupiter. Mit einem Male sagt er leise zu sich selber: „Oh!" Und noch einmal wie erschrocken: „Oh!" und dann ganz überwältigt: „Oh!"

„Was ist denn?", fragt der Vater.

„Ich erkenne den Weihnachtsstern", flüstert Martin, ohne die Zwirnrolle von seinem Auge zu nehmen.

„Wirklich? Wie sieht er denn aus?"

„Mit lauter so darum aus Gelb und Grün und Golden."

Da muss der Vater doch auch einmal durch Martins Fernrohr sehen.

Und wirklich, es gleißt und schimmert um den Jupiter herum, dass es nur so eine Art hat. Aber der Vater erkennt auch gleich, wie das Feuerwerk zustande kommt. Auf der Glasscherbe sitzt ein fettiger Fingerabdruck über dem anderen, und in den zarten Rillen bricht sich der Sternenschein, glänzt auf und versprüht zu farbigen Strahlen.

Der Vater legt das Fernrohr wieder in Martins ausgestreckte Hand und sagt, dass er noch nie in seinem Leben einen so zauberhaften Stern erblickt habe wie diesen.

„Komm, Mutti soll sich auch einmal daran erfreuen."

„Haben Christoph und Görge ihn auch erkannt?"

„Nein, das Fernrohr von Christoph und Görge ist nur für gewöhnliche Sterne bestimmt."

„Wem sein Fernrohr findest du besser, meins oder Christoph und Görge seins?"

„Ein besseres Fernrohr als das, womit man den Weihnachtsstern erblicken kann, dürfte es wohl nirgends auf der Welt geben."

„Oh!", sagt Martin.

Walter Benjamin

Ein Weihnachtsengel

Mit den Tannenbäumen begann es. Eines Morgens, noch ehe Ferien waren, hafteten an den Straßenecken die grünen Siegel, die die Stadt wie ein großes Weihnachtspaket an hundert Ecken und Kanten zu sichern schienen. Dann barst sie eines schönen Tages dennoch, und Spielzeug, Nüsse, Stroh und Baumschmuck quollen aus ihrem Innern: der Weihnachtsmarkt.

Mit ihnen aber quoll noch etwas anderes hervor. Die Armut. Wie nämlich Äpfel und Nüsse mit ein wenig Schaumgold neben dem Marzipan sich auf dem Weihnachtsteller zeigen durften, so auch die armen Leute mit Lametta und bunten Kerzen in den bessern Vierteln. Die Reichen aber schickten ihre Kinder vor, um denen der Armen wollene

Schäfchen abzukaufen oder Almosen auszuteilen, die sie selbst vor Scham nicht über ihre Hände brachten.

Inzwischen stand bereits auf der Veranda der Baum, den meine Mutter insgeheim gekauft und über die Hintertreppe in die Wohnung hatte bringen lassen. Und wunderbarer als alles, was das Kerzenlicht ihm gab, war, wie das nahe Fest in seine Zweige mit jedem Tage dichter sich verspann. In den Höfen begannen die Leierkästen die letzte Frist mit Chorälen zu dehnen. Endlich war sie dennoch verstrichen und einer jener Tage wieder da, an deren frühesten ich mich hier erinnere.

In meinem Zimmer wartete ich, bis es sechs werden wollte. Kein Fest des späteren Lebens kennt diese Stunde, die wie ein Pfeil im Herzen des Tages zittert. Es war schon dunkel, trotzdem entzündete ich nicht die Lampe, um den Blick nicht von den dunklen Fenstern überm Hof zu wenden, hinter denen nun die ersten Kerzen zu sehen waren. Es war von allen Augenblicken, die das Dasein des Weihnachtsbaumes hat, der heimlichste, in dem er Nadeln und Geäst dem Dunkel opfert, um nichts zu sein als nur ein unnahbares und doch nahes Sternbild im trüben Fenster einer Hinterwohnung. Doch wie ein solches Sternbild hin und wieder eins der verlassenen Fenster begnadete, indessen viele weiter dunkel blieben und andere, noch trauriger, im Gaslicht der frühen Abende verkümmerten, schien mir, dass diese weihnachtlichen Fenster die Einsamkeit, das Alter und das Darben – all das, wovon die armen Leute schwiegen – in sich fassten.

Dann fiel mir wieder die Bescherung ein, die meine Eltern eben rüsteten. Kaum aber hatte ich so schweren Herzens, wie nur die Nähe eines sichren Glücks es macht, mich von dem Fenster abgewandt, so spürte ich eine fremde Gegenwart im Raum. Es war nichts als ein Wind, so dass die Worte, die sich auf meinen Lippen bildeten, wie Falten waren, die ein träges Segel plötzlich vor einer frischen Brise wirft.

„Alle Jahre wieder
kommt das Christuskind
auf die Erde nieder,
wo wir Menschen sind."

Mit diesen Worten hatte sich der Engel, der in ihnen begonnen hatte, sich zu bilden, auch verflüchtigt. Doch nicht mehr lange blieb ich im leeren Zimmer. Man rief mich in das gegenüberliegende, in dem der Baum nun die Glorie eingegangen war, welche ihn mir entfremdete, bis er, des Untersatzes beraubt, im Schnee verschüttet oder im Regen glänzend, das Fest da endete, wo es ein Leierkasten begonnen hatte.

Christine Busta

Was ich dir zum Advent schenken möchte

Einen Orgelton wider den finsteren Morgen,
meinen Atem gegen den Eiswind des Tags,
Schneeflocken als Sternverheißung am Abend
und ein Weglicht für den verloren geglaubten
Engel, der uns inmitten der Nacht
die Wiedergeburt der Liebe verkündet.

Gerhard Johann

Kalte Feiertage

Nur für einen Augenblick hatte ich meine Loge verlassen, um den Kanarienvogel zuzudecken. Als ich zurückkam und durch die Scheiben schaute, sah ich ihn. Er stand in meinem Hausflur in der 37, Rue de Madeleine. Er stand da und blickte auf die Tafel mit den Namen der Hausbewohner. Er war ein kleiner Typ, dunkelhaarig, etwas gebeugt, und wirkte älter, als er war. Fünfundzwanzig, schätzte ich.

„Kann ich Ihnen behilflich sein?", sprach ich ihn mit lauter Stimme an. Doch es tat mir sogleich Leid, denn ich hatte ihn offenbar erschreckt.

Er wackelte in sich selber. So, als sei er ein halb voll mit Knochen angefüllter Sack. Dann wandte er mir das Gesicht zu. Beim Sprechen rutschte er über die Worte, wie einer, der seine Vokabeln noch nie aufgeschrieben hat.

„Excusez . . . Madame . . . s'il vous plaît."

Seine Augen erschienen mir wie große, kreisrunde Löcher. Er hat ein Kindergesicht, dachte ich, ein hungriges Kindergesicht. Oder hat er die Schwindsucht? Diese Typen stehen an den Straßen von Las Vegas oder sehen am La Plata die Parade der weißen Straßenkreuzer mit den glatten, sauberen und feisten Gesichtern über den Lenkrädern, die ermorden im Vorbeifahren die Seelen der Kleinen. Obwohl geschrieben steht: Wer aber Ärgernis gibt einem dieser Kleinen, die an mich glauben, dem wäre besser, dass ein Mühlstein an seinen Hals gehängt und er ersäuft würde im Meer, wo es am tiefsten ist.

Doch diesen hängt niemand einen Mühlstein an den Hals, und wenn sie ersaufen, so nur deshalb, weil sie voll Gin und Whisky mit ihren Prunkschlitten über irgendein Brückengeländer von Long Island, Miami oder Monaco in irgendein Wasser fahren.

„Kommen Sie doch näher", sagte ich und gab mir Mühe, ihn nicht noch einmal zu erschrecken. Meine Stimme gurrte so sanft wie die einer Taube.

Er machte ein, zwei Schritte und stand dann wie festgenagelt auf halber Strecke zwischen der gegenüberliegenden Hauswand und meinem aufgeschobenen Fenster. Jetzt sah ich, dass er etwas in der Hand trug.

„Nun kommen Sie schon", lockte ich ihn wieder. Dann ging ich, um die Tür zu öffnen. Es dauerte noch einige Minuten, ehe er erschien. Gott sei Dank, dachte ich dann, er sieht bei Licht besser aus als vorher im Halbdunkel. Mitunter erlebt man auch das Umgekehrte. Vielleicht ist ihm das Geld gerade erst ausgegangen.

„Setzen Sie sich doch", sagte ich und schob ihm eine Keksdose zu, stellte noch eine Tasse auf den Tisch und goss ihm Kaffee ein.

„Merci, Madame", sagte er und schaute mich dabei an, als sei ich eine Heilige, die ihn in diesem Augenblick von langjährigen Zahnschmerzen erlöst hat. Er aß die Biskuits und trank den Kaffee mit hastigen Schlucken.

„Hunger?", fragte ich.

Er nickte.

„Attendez!", sagte ich. „Ich werde uns was Gutes zur Nacht machen."

Während er mit der Rechten aß und trank, hielt er die Linke halb unter dem Tisch.

„Was haben Sie denn dort?", wollte ich wissen und bewegte meinen Kopf in Richtung auf seine Linke.

Er hob den Arm hoch. Es war eine kleine Fichte.

„Richtig", sagte ich, „c'est la fête de noël – Weihnachten."

Noch bevor ich das Abendessen zubereiten ging, erzählte er mir die Sache mit der Fichte.

Es stimmte also, er war erst seit wenigen Wochen in Paris. Arbeit hatte er selten gefunden. Immer mal für einige Tage. Meist in der Markthalle, Gemüse abladen. Sein Geld nahm zu, und es nahm ab. Es nahm mehr ab als zu. Langsam kam das Weihnachtsgeschäft hoch wie eine steigende Flut. Er stand zwar mittendrin, aber er hatte keinen Anteil daran. Konnte die mit der Saison wachsenden Wasser nicht auf seine Mühle leiten. Die Menschen warfen ihre Francs hinaus wie Bonbons beim Kinderfest. Warum taten sie es?

Er fragte seinen Copain, mit dem er zusammen in der Mansarde hauste. Der knurrte: „Lass mich in Frieden. Alles Schwindel. Gewöhnst dich dran, wenn du länger hier bist. Oder auch nicht."

Er fragte eine sympathisch aussehende alte Dame auf der Straße. Doch die schrie auf und wackelte schnell in der entgegengesetzten Richtung davon. Dabei hatte er ihr doch wirklich nichts getan.

Er fragte seinen Patron, der sagte: „Fest des Schenkens, des Friedens. Was weiß ich. Etwas für Kinder. Manche gehen zur Kirche."

Das leuchtete ihm ein. Es musste mit Kirche zu tun haben. Natürlich. Wie konnte er den Zusammenhang vergessen. Eines Abends fiel es ihm ein, eine Kirche zu betreten. Sie war halbdunkel. Einige Kerzen flackerten gegen die Zugluft an, die sich bei jedem Öffnen der Tür mit den stillen Besuchern zusammen einschlich. Er besah sich alles, dann ging er wieder.

An diesem Morgen war er entlassen worden. Die Feiertage standen vor der Tür. Er fragte sich, wie lange sein Geld nun reichen sollte. Nach dem 6. Januar könnte er wieder nach Arbeit fragen, hatte der Patron gemeint. Nach dem 6. Januar. Das waren fünfzehn Tage bis dahin. Bezahlte er die Miete, so reichte der Rest für eine Woche Frühstück. Entschloss er sich für fünfzehn Tage ohne Hunger, so setzte er seine kalte Mansarde aufs Spiel. So beschloss er noch einmal zum Patron zu gehen. Er wusste, wo er wohnte. Draußen, wo sich die Stadtstraßen in Landstraßen wandeln und auf ihrem weiteren Weg Wälder und Felder zerschneiden.

Die Frau des Patrons klebte ihn mit ihrem Blick auf den Abtreter vor der Tür. Keinen Schritt weiter! Es ist alles sauber gemacht!

Er wollte gar nicht ins Haus. Nur eine Frage. Gibt es wirklich keine Arbeit für ihn vor dem 6. Januar? Die Frau ging nicht darauf ein. Sie langte in eine Ecke und drückte ihm die magere Fichte in die Hand.

„Da“, sagte sie, „feiern Sie doch erst mal Weihnachten. Dann werden wir weiter sehen.“

So lief er mit der Fichte in die Stadt zurück und bot sie hier und dort an. Vielleicht war sie ein Frühstück wert?

„Ach“, sagte ich und ging in die Küche, um das Abendessen zu machen. Als ich die Teller brachte, war er dabei, die Fichte stückweise in den kleinen eisernen Ofen zu stecken. Das fast eingeschlafene Feuer stürzte sich auf das Grünzeug und sprang sogleich bis ins Ofenrohr. Während ich die Suppe aufschöpfte, wärmte er sich die Hände über dem Ofen.

„Die Nächte“, sagte ich, „werden nun langsam kalt in Paris. Sie sollten einstweilen bei mir bleiben. Sie können sich dann in Ruhe wieder Arbeit suchen. Denn nach Enttäuschungen sollte man nicht noch frieren.“

Er löffelte seine Suppe und war, so fand ich, gar nicht mehr so klein.

John Nilsson

Irrfahrt im Schnee

Wie ein Leuchtturm und doch höher noch als ein Leuchtturm erhebt sich der Kirchturm von Öja aus dem Flachland von Fidenäs, und weit nach Osten hin entbietet seine gewaltige Silhouette den Seefahrern einen schwedischen, christlichen Gruß.

Vielleicht ist Schweden nirgends schöner und üppiger als auf dieser gotländischen Landzunge. Als Carl von Linné hier herumreiste, geriet er in Entzücken und schrieb mit zierlichen Buchstaben in sein Tagebuch: „So etwas können sich nur englische Lords und gotländische Bauern leisten."

Und doch ist das Meer, das zu beiden Seiten in Unendlichkeit brandet, noch prachtvoller als alle Wiesen und Blumen.

Unmittelbar südlich der Kirche von Öja aber hört jener Lustgarten auf, und es beginnt die Landschaft von Sudret mit dem Ernst ihrer mehr und mehr obwaltenden Kargheit und Einsamkeit. Die zur Kirche von Hamra führende Landstraße läuft Kilometer um Kilometer über bloßen Heiderücken. Es gibt jedoch viele, die gerade die Heidegebiete an der Südspitze von Gotland als ein großes Wunder betrachten. Und ich kann sie verstehen.

Das allergrößte Wunder dieser Gegend aber ist auf jeden Fall die Kirche von Öja. Hier muss man unwillkürlich an die Worte des Chorals denken: „Alt ist die Kirche, das Haus des Herrn; steht, während Menschenwerk' fallen."

Um ihre Grundmauern hat die Geschichte ihre Fußspuren so fleißig und fest eingedrückt, dass sie noch immer erkennbar sind, wohin man sich auch wendet. Hier hat sich Altes bewahrt, und hier raunt die Sage wie wohl nirgends sonst in Schweden. Steht man in stillem Sinnen vor diesen Kirchenmauern, so mag einen die Empfindung überkommen, als halte man sein Ohr an das Gehäuse einer riesigen Schnecke und höre die Jahrhunderte rauschen.

Das Gebäude ist schlicht, ruhig und fest – wie das Reich Gottes selbst. Sein Inneres hat die Kühle und Reinheit der nordischen Kathedrale. Das Kostbarste und Auffallendste hier drinnen ist wohl das Triumphkreuz, ein ungemein schönes Kunstwerk, bei dessen Anblick einst Nathan Söderblom in den gleichen Zustand versetzt wurde wie Carl von Linné, als er durch den Frühling von Fidenäs fuhr.

Aber auch die beiden Silberleuchter auf dem Altar sind nicht zu verachten. Ihre Geschichte hörte ich einmal von dem alten Pastor auf dem Pfarrhof von Öja. Er hat sein Amt inzwischen niedergelegt – gewiss aber ohne deshalb seine große Liebe zur Jugend, zu Liedern und Geschichten aufzugeben. Und er missbilligt sicherlich nicht, dass ich hier weiter erzähle.

Es ist eine Weihnachtsgeschichte, und wenn sie auch nicht so wundersam ist wie die Erzählung von den Weisen aus dem Morgenlande, so bleibt sie doch merkwürdig und erinnerungswert genug.

Am Heiligen Abend des Jahres 1624 fiel der Schnee um die Kirche und den Pfarrhof von Öja so dicht, dass der Pastor, der aus Dänemark gebürtige Herr Christian Christiansen, schon um sieben Uhr abends die Pferde vor den Schlitten spannen ließ, um auch ganz sicher am Morgen des Weihnachtsfeiertages zur Christmette in der Tochterkirche von Hamra zu sein. Zwar war der Weg nach Hamra nicht viel weiter als eine alte halbe Meile, wenn aber der Schnee in solcher Menge niedergeht, muss man gut Zeit mitbringen, wohin man auch fährt – und Gott allein weiß, ob man überhaupt ans Ziel gelangt. Das gilt insbesondere für diese Gegend, wo die Wegweiser so spärlich stehen und Land und Meer vielerorts unmerklich ineinander zerfließen.

Es kann auf so mannigfache Art schneien.

Da ist der Oktoberschnee: das weiße Ballett hat seine erste Aufführung in der Oper des Herbstes, aber seine Darbietung ist nicht überzeugend, wie die Kritiker zu sagen pflegen, und die Vorstellung muss abgebrochen werden.

Da ist der Aprilschnee, der keineswegs tanzt, sondern sich schwerfüßig bewegt wie ein Berufstaucher, der nass ist wie der Atlantik und eisenschwer lastet, so dass die Bäume sich biegen und alte Häuser sich verziehen.

Da ist der Wirbelschnee des Februar, trocken und ätzend wie alte Feindschaft, schnellfüßig und schonungslos wie die Wut in Person. „Aus dem Weg!“, zischelt der stiebende Schnee, schlittert kilometerweit auf dem gefrorenen Weg dahin und wirft sich danach ungestüm auf den Waldrand, so dass die am weitesten außen stehenden Kiefern wie tote Schildwachen umsinken. „Aus dem Weg!“ schreit er dem einsamen Wanderer zu und schlägt ihn mit tausend Peitschen, so dass es wirkt, als würden ihm die Kleider am ganzen Körper aufgerissen und als läge sein Blut bar und bloß unter dem Wind.

Und dann ist da noch der altväterische Weihnachtsschnee, weiß und alles überdeckend wie der Flügel Michaels, dicht und undurchdringlich wie die Wolke zur Zeit des Alten Bundes.

Der Weihnachtsschnee aber, der im Jahre 1624 auf Südgotland fiel, war dichter und trügerischer als jeder sonstige Schnee. Es war still wie in einer Kirche. Die ganze Natur und der ganze Weltraum ruhten reglos in sich selbst. Aber durch diese unerhörte Stille fielen die riesigen Flocken so dicht, dass man kaum einen Zwischenraum entdecken konnte. Sie löschten alle Spuren aus, sie verwischten alle Konturen, sie vereitelten jegliche Sicht. Wen es in einer solchen Nacht hinaustreibt, der muss an Gott glauben können, der muss sagen können: „Dein Stecken und Stab trösten mich!"

Pfarrer Christian Christiansen wusste, welche Gefahren er auf sich nahm. Mehr als einmal hatte er es erlebt, dass er in Schnee und Dunkelheit irregefahren und ganz woanders gelandet war, als er beabsichtigt hatte. An diesem Abend aber war er erst ein paar hundert Meter gefahren, als ihm klar wurde, dass dies die schwerste aller Reisen würde, die er je unternommen hatte. Und nachdem er noch einige hundert Meter zurückgelegt, wusste er, dass er sich verirrt hatte und in dieser Nacht ohne eine besondere Fügung Gottes weder seine Kirche noch seinen Pfarrhof wiederfinden würde.

Die Pferde stapften wacker weiter. Obwohl von ihren blanken Leibern, die durch die Bewegung erhitzt waren, leichter Dampf aufstieg, lagen doch ständig große Schneefladen auf ihren Rücken. Und so sehr die Pferde auch zogen, blieben sie doch auf allen Seiten von den gleichen dichten, weichen, weißen Wänden umschlossen, einer gekalkten Zelle ähnlich, deren Mauern beliebig weit zurückweichen und einen dennoch in unerbittlicher Geisterumklammerung gefangen halten.

Der Pfarrer wollte seiner Gemeinde am heiligen Weihnachtsmorgen von den Weisen aus dem Morgenlande predigen, und mit großer Mühe hatte er aus seiner bescheidenen Bibliothek Beispielfälle der vielfältigen und schauerlichen Gefahren zusammengetragen, die auf die drei Könige während ihrer weitläufigen Reise zu der dürftigen Krippe des Jesuskindes zu Bethlehem in Juda lauerten: die Schrecken der Wüste mit ihrer Gluthitze, die Schreie der wilden Tiere in finsteren Nächten, blutdürstige Räuberhorden in Höhlen und Bergschluchten; und er hatte jene Berichte von den Geheimnissen und Gefahren des Morgenlandes, die ihm in die Hände gekommen waren, mit vielen dänischen und schwedischen Kraftausdrücken gewürzt, damit sich die Gemeindekinder eingedenk dessen, was hochweise und hochgeborene Männer einstmals ausgestanden hatten, um Jesus Christus, ihren Heiland, zu finden, deren Glauben und ernsthafte Gesinnung zum Vorbild nähmen.

Aber wie er nun in seinem Schlitten saß und die Pferde ins blinde Ungefähr lenkte, fand er, dass die Weisen aus dem Morgenlande doch weit begnadeter gewesen seien als er, der Pfarrer von Öja. Sie hatten immerhin die ganze Zeit über ihren Stern gehabt, wie geschrieben steht: „Und siehe, der Stern, den sie im Morgenland gesehen hatten, ging vor ihnen hin, bis dass er kam und stand oben über, wo das Kindlein war. Da sie den Stern sahen, wurden sie hocherfreut und gingen in das Haus und fanden das Kindlein mit Maria, seiner Mutter, und fielen nieder und beteten es an und taten ihre Schätze auf und schenkten ihm Gold, Weihrauch und Myrrhe." Und wenn er in dieser Heiligen Nacht seine Kirche jemals erreichen sollte, dann wollte er nicht von den Schrecken der Wüste und den wilden Tieren und Räubern des Morgenlandes erzählen, sondern von seiner eigenen abenteuerlichen Fahrt zur Kirche – die ganz gewiss noch immer die Lagerstatt des Jesuskindes war.

Als er drei Stunden gefahren war, wurde ihm klar, dass er sich draußen auf der Ostsee befand – ob auf östlichem oder westlichem Kurs oder in welcher Himmelsrichtung sonst, ließ sich nicht feststellen. Ebenso schwer war es zu beurteilen, wie weit hinaus das erstarrte Meer trug; zwei volle Monate hindurch hatte es heftig gefroren, deshalb aber brauchte die Ostsee durchaus keine sichere Brücke zu sein.

Pfarrer Christian Christiansen war das Kind einer Zeit, in der es sich für einen Christen nicht ziemte, zu erbleichen und zu erschauern. Und so ließ er seine Pferde nun ohne Zügel laufen – so gut sie in dem tiefen Schnee und über die aufgetürmten Eishügel nur laufen konnten.

Stunden kamen und Stunden vergingen. Der Pfarrer dachte daran, dass die Weisen in Gesellschaft, nämlich zu dritt gewesen seien, dass sie miteinander sprechen, sich gegenseitig ermutigen und sich in der Nacht gemeinsam ausruhen konnten. Es ist leichter, an Gott zu glauben, wenn man zu dritt, als wenn man ganz allein ist – und dazu ohne einen Stern zu Häupten. Aber einem Mann kann es gut tun, auch das Allerschwerste kennen zu lernen, und der Pfarrer von Öja lernte viel, während dort draußen in der Eiswüste der Ostsee der Schnee wie ein weißes Trauergefolge um seinen einsamen Schlitten wogte.

Mehrere Stunden waren verstrichen, als er endlich, nur wenige Meter vor sich, wie einen großen, hell leuchtenden Stern die Kirche erblickte. Er warf einigen Männern, die auf dem Kirchplatz standen, die Zügel zu und stürmte, noch geblendet von Schnee und Nacht, in das Gotteshaus und zur Kanzel hinauf, wo er sogleich zu predigen begann, von den Weisen aus dem Morgenlande und von dem wundersamen Geleit, das der Allmächtige ihm selbst in dieser weg- und sternlosen Heiligen Nacht durch Schnee und Eis gewährt habe.

Der Pfarrer predigte, wie er noch niemals zuvor gepredigt hatte, ja wie nur der predigen kann, den der Herr selbst so eben erst aus dem Rachen des Verderbens gerissen hat und dessen Leib und Seele dem lebendigen Gott inbrünstig zujubeln.

Als er einige Minuten mit großer Kraft Gottes Wort verkündet hatte, wurde er jedoch plötzlich inne, dass er nicht auf der Kanzel der Kirche von Hamra stand, sondern in einem völlig fremden Gotteshaus, in dessen Bänken ihm gänzlich unbekannte Menschen saßen, und er geriet in noch größere Verwunderung. Dies konnte keine der anderen Kirchen auf Sudret sein, weder die von Vamlingbo noch die von Sundre, die er beide gut kannte; auch nicht die von Fide, die von Grötlingbo oder die von Näs weiter im Norden – wohl überhaupt kaum eine Kirche auf Gotland!

Und als nun der Pfarrer begriff, dass er in der Heiligen Nacht über die Ostsee gefahren war, steigerte sich seine Predigt noch, was keineswegs wundernimmt, und wie er da mit so gewaltigen Worten von den Weisen aus dem Morgenlande predigte, glaubten seine Zuhörer, einer der drei Könige stehe leibhaftig vor ihnen und zeuge davon, wie Gott die seinen den rechten Weg führe.

Als die Christmette zu Ende war, erfuhr der Pfarrer Christian Christiansen, dass er sich in Böda auf Nord-Öland befand. Er war in der Heiligen Nacht mindestens acht Meilen über die Eisbrücke der Ostsee gefahren. Manche bezweifeln, dass dies wirklich geschehen sei. Aber es gibt ja auch solche, die an der Geschichte der Weisen aus dem Morgenlande zweifeln.

Auf alle Fälle ist der Pfarrer von Öja nicht der Einzige, der zur Winterzeit über die Ostsee gefahren ist. So berichtet die Kirchenchronik des Bistums Visby von Marcus Ploen, der einst, von Frau und Kindern und einer Kuh begleitet, mit einem auf einen Schlitten gesetzten Boot von Holstein über die zugefrorene Ostsee gezogen kam und in Hamra an Land stieg, wo er mit den Jahren Küster und zudem ein berühmter Mann wurde.

Daheim in Öja jedoch fand im Jahre 1624 keine Weihnachtsmette statt, und der Pfarrer Christian Christiansen wurde für tot gehalten. Doch als der Frühling endlich die gewaltigen Eismassen brach, kam der Pfarrer über das offene Wasser heim gesegelt. Und als Dankopfer für den Herrn brachte er die beiden Silberleuchter mit, die noch heute den Altar der Kirche von Öja zieren. Sie sind sechsundvierzig

Zentimeter hoch und ruhen jeder auf drei Löwen. An den Leuchtern befinden sich zwei Inschriften:

CHRISTIANUS CHRISTIANI
JUDITHA D. CHRISTIANI
1625

sowie

SCUTUM ET CLIPEUS EST VERITAS EIUS
PS. 91.

Das bedeutet:
SEINE WAHRHEIT IST SCHIRM UND SCHILD.

Bertolt Brecht

Das Paket des lieben Gottes

Nehmt eure Stühle und eure Teegläser mit hier hinten an den Ofen und vergesst den Rum nicht. Es ist gut, es warm zu haben, wenn man von der Kälte erzählt.

Manche Leute, vor allem eine gewisse Sorte Männer, die etwas gegen Sentimentalität hat, haben eine starke Aversion gegen Weihnachten. Aber zumindest *ein* Weihnachten in meinem Leben ist bei mir wirklich in bester Erinnerung. Das war der Weihnachtsabend 1908 in Chicago.

Ich war anfangs November nach Chicago gekommen, und man sagte mir sofort, als ich mich nach der allgemeinen Lage erkundigte, es würde der härteste Winter werden, den diese ohnehin genügend unangenehme Stadt zustande bringen könnte. Als ich fragte, wie es mit den Chancen für einen Kesselschmied stünde, sagte man mir, Kesselschmiede hätten keine Chancen, und als ich eine halbwegs mögliche Schlafstelle suchte, war alles zu teuer für mich. Und das erfuhren in diesem Winter 1908 viele in Chicago, aus allen Berufen.

Und der Wind wehte scheußlich vom Michigansee herüber durch den ganzen Dezember, und gegen Ende des Monats schlossen auch noch eine Reihe großer Fleischpackereien ihren Betrieb und warfen eine ganze Flut von Arbeitslosen auf die Straßen.

Wir trabten die ganzen Tage durch sämtliche Stadtviertel und suchten verzweifelt nach etwas Arbeit und waren froh, wenn wir am Abend in einem winzigen, mit erschöpften Leuten angefüllten Lokale im Schlachthofviertel unterkommen konnten. Dort hatten wir es wenigstens warm und konnten ruhig sitzen. Und wir saßen, solange es irgend ging, mit *einem* Glas Whisky, und wir sparten alles den Tag über auf für dieses eine Glas Whisky, in das noch Wärme, Lärm und Kameraden mit einbegriffen waren, all das, was es an Hoffnung für uns noch gab.

Dort saßen wir auch noch am Weihnachtsabend dieses Jahres, und das Lokal war noch überfüllter als gewöhnlich und der Whisky noch wässriger und das Publikum noch verzweifelter. Es ist einleuchtend, dass weder das Publikum noch der Wirt in Feststimmung geraten, wenn das ganze Problem der Gäste darin besteht, mit einem Glas eine ganze Nacht auszureichen, und das ganze Problem des Wirtes, diejenigen hinauszubringen, die leere Gläser vor sich stehen hatten.

Aber gegen zehn Uhr kamen zwei, drei Burschen herein, die, der Teufel mochte wissen woher, ein paar Dollars in der Tasche hatten, und die luden, weil es doch eben Weihnachten war und Sentimentalität in der Luft lag, das ganze Publikum ein, ein paar Extragläser zu leeren. Fünf Minuten später war das ganze Lokal nicht wiederzuerkennen.

Alle holten sich frischen Whisky (und passten nun ungeheuer genau darauf auf, dass ganz korrekt eingeschenkt wurde), die Tische wurden zusammengerückt, und ein verfroren aussehendes Mädchen wurde gebeten, einen Cakewalk zu tanzen, wobei sämtliche Festteilnehmer mit den Händen den Takt klatschten . Aber was soll ich sagen, der Teufel mochte seine schwarze Hand im Spiel haben, es kam keine rechte Stimmung auf.

Ja, geradezu von Anfang an nahm die Veranstaltung einen direkt bösartigen Charakter an. Ich denke, es war der Zwang, sich beschenken lassen zu müssen, der alle so aufreizte. Die Spender dieser Weihnachtsstimmung wurden nicht mit freundlichen Augen betrachtet. Schon nach den ersten Gläsern des gestifteten Whiskys wurde der Plan gefasst, eine regelrechte Weihnachtsbescherung, sozusagen ein Unternehmen größeren Stiles, vorzunehmen.

Da ein Überfluss an Geschenkartikeln nicht vorhanden

war, wollte man sich weniger an direkt wertvolle und mehr an solche Geschenke halten, die für die zu Beschenkenden passend waren und vielleicht sogar einen tieferen Sinn hatten.

So schenkten wir dem Wirt einen Kübel mit schmutzigem Schneewasser von draußen, wo es davon gerade genug gab, damit er mit seinem alten Whisky noch ins neue Jahr hinein ausreichte. Dem Kellner schenkten wir eine alte, erbrochene Konservenbüchse, damit er wenigstens ein anständiges Servicestück hätte, und einem zum Lokal gehörigen Mädchen ein schartiges Taschenmesser, damit sie wenigstens die Schicht Puder vom vergangenen Jahr abkratzen könnte.

Alle diese Geschenke wurden von den Anwesenden, vielleicht nur die Beschenkten ausgenommen, mit herausforderndem Beifall bedacht. Und dann kam der Hauptspaß.

Es war nämlich unter uns ein Mann, der musste einen schwachen Punkt haben. Er saß jeden Abend da, und Leute, die sich auf dergleichen verstanden, glaubten mit Sicherheit behaupten zu können, dass er, so gleichgültig er sich auch geben mochte, eine gewisse unüberwindliche Scheu vor allem, was mit der Polizei zusammenhing, haben musste. Aber jeder Mensch konnte sehen, dass er in keiner guten Haut steckte.

Für diesen Mann dachten wir uns etwas ganz Besonderes aus. Aus einem alten Adressbuch rissen wir mit Erlaubnis des Wirtes drei Seiten aus, auf denen lauter Polizeiwachen standen, schlugen sie sorgfältig in eine Zeitung und überreichten das Paket unserem Mann.

Es trat eine große Stille ein, als wir es überreichten. Der Mann nahm das Paket zögernd in die Hand und sah uns mit einem etwas kalkigen Lächeln von unten herauf an. Ich merkte, wie er mit den Fingern das Paket anfühlte, um schon vor dem Öffnen festzustellen, was darin sein könnte. Aber dann machte er es rasch auf.

Und nun geschah etwas sehr Merkwürdiges. Der Mann

nestelte eben an der Schnur, mit der das „Geschenk“ verschnürt war, als sein Blick, scheinbar abwesend, auf das Zeitungsblatt fiel, in das die interessanten Adressbuchblätter geschlagen waren. Aber da war sein Blick schon nicht mehr abwesend. Sein ganz dünner Körper (er war sehr lang) krümmte sich sozusagen um das Zeitungsblatt zusammen, er bückte sein Gesicht tief darauf herunter und las. Niemals, weder vor- noch nachher, habe ich je einen Menschen so lesen sehen. Er verschlang das, was er las, einfach. Und dann schaute er auf. Und wieder habe ich niemals, weder vor- noch nachher, einen Mann so strahlend schauen sehen wie diesen Mann.

„Da lese ich eben in der Zeitung“, sagte er mit einer verrosteten, mühsam ruhigen Stimme, die in lächerlichem Gegensatz zu seinem strahlenden Gesicht stand, „dass die ganze Sache einfach schon lang aufgeklärt ist. Jedermann in Ohio weiß, dass ich mit der ganzen Sache nicht das Geringste zu tun hatte.“ Und dann lachte er.

Und wir alle, die erstaunt dabeistanden und etwas ganz anderes erwartet hatten und fast nur begriffen, dass der Mann unter irgendeiner Beschuldigung gestanden und inzwischen, wie er eben aus diesem Zeitungsblatt erfahren hatte, rehabilitiert worden war, fingen plötzlich an, aus vollem Halse und fast aus dem Herzen mitzulachen, und dadurch kam ein großer Schwung in unsere Veranstaltung, die gewisse Bitterkeit war überhaupt vergessen, und es wurde ein ausgezeichnetes Weihnachten, das bis zum Morgen dauerte und alle befriedigte.

Und bei dieser allgemeinen Befriedigung spielte es natürlich gar keine Rolle mehr, dass dieses Zeitungspapier nicht wir ausgesucht hatten, sondern Gott.

Wilhelm Szabo

ALTES DREIKÖNIGSLIED

So lasst uns schreiben an das Tor
den Kasper und den Melchior,
dazu den Mohren Balthasar
und überdies das neue Jahr!

Und schaufeln lasst uns durch die Waht
vorm Zaune einen breiten Pfad,
dass für die Könige, die drei,
das Stapfen nicht so mühsam sei.

Gedenk, sie hatten Thron und Pfalz
und trotten nun, wie auf der Walz
die Handwerksburschen, voll Beschwer
die harten Straßen kreuz und quer.

Kein Ross trägt sie mehr hin im Trab.
Es fiel der Tross von ihnen ab.
Kein Kämmerer, kein Truchsess dient
den Herren, die längst landlos sind.

Und auch der Stern vor ihrem Weg
verhehlt sich manchmal im Geheg.
Die Nebel trüben gern die Sicht.
Im Moore lockt ein falsches Licht.

So ziehn sie fremd und unerkannt,
gering und namlos über Land,
gar müd oft und vom Wandern wirr,
und werden doch am Ziel nicht irr.

Dir wären Hab und Gut nicht feil,
wie sie zu reisen nach dem Heil.
Dich hält ein Haus, ein Amt in Haft.
Sie scheuen nicht die Pilgerschaft.

Sie ließen alles hinter sich.
Sie suchen Gott für dich und mich.
Lass jeden armen Wandrer ein!
Könnt einer von den dreien sein.

Maurice Cènelon

Weihnachten in Cordemais

In der Bretagne gab es ein Dorf namens Cordemais. Es war ein ganz kleines Dorf. Ich glaube es hat sich dort nichts verändert, aber ich bin hingegangen, um nachzusehen. An jenem Weihnachtsabend – man schrieb das Jahr 1913 – war es schneidend kalt, und der aus der Tiefe des Meeres gekommene Wind blies in eisigen Stößen. Von einem alten Pferd gezogen, bewegte sich schwerfällig auf der Landstraße ein grüner Planwagen, wie ihn damals die Romanichels (Zigeuner) besaßen. Mit einer schwankenden Laterne vorn, einer anderen hinten ächzte der Wohnwagen mitten im Sturm und kam kaum vom Fleck.

Das Dorf war nicht mehr sehr weit entfernt, vielleicht

zwei Kilometer oder sogar weniger, als noch ein heftigerer, jäher Windstoß die Plane von dem armen grünen Wagen fortriss, genau so, wie er einen Regenschirm umgedreht hätte.

Unter der Plane saßen Leute: ein sonnenverbrannter junger Mann mit feinem schwarzem Schnurrbart in einer Ecke hockend, seine Frau, die im Begriff war, niederzukommen, und zwei kleine Kinder, die vor Angst und Kälte weinten. Der Mann hatte nur einen Gedanken im Kopf: eine Zuflucht finden, und zwar schnell. Aber wer bietet den Romanichels ein Nachtlager an?

Es gab, soweit die Nacht das erkennen ließ, drei Häuser in Sichtweite: eine verfallene Mühle, ein Wirtshaus voll von Licht und von Lärm und einen in den Feldern eingeschlummerten Bauernhof. Die Mühle musste verödet sein, denn niemand antwortete auf die Rufe des Zigeuners. Wie man sich wohl denken kann, gab es im Wirtshaus keinen Platz für sie; besonders an einem Weihnachtsabend sind die Wirtshäuser nicht für die geschaffen, die mehr Elend als Taler besitzen.

So blieb der Bauernhof übrig, was ebenso viel bedeutet wie: ein wenig Hoffnung. Die Bauern haben die Romanichels nicht allzu gern, erst recht nicht, wenn die Nacht hereingebrochen ist. Dennoch öffnete sich die Tür ganz weit, nachdem der Zigeuner angeklopft hatte. Zwischen Licht und Schatten beugte ein Mann sein Gesicht vor. Ohne ihn zu unterbrechen, hörte er das Anliegen des Reisenden an. Und dann sagte er ganz einfach: „Bringen Sie Ihren Wagen auf dem Hof unter, Sie armer Mensch. Führen Sie Ihr Pferd in den Stall, und kommen Sie mit Ihrer Frau und den Kleinen schnell herein, um warm zu werden.“

So spricht ein Christ, besonders am Weihnachtsabend. So sollten wir alle sprechen. Dieser tat es, und deshalb habe ich euch eine Geschichte zu erzählen.

Der Zigeuner dankte höflich, und fünf Minuten später

rumpelte der grüne Wagen in den Hof. Während der Bauer die schwangere Frau und ihre Kinder ins Haus brachte, unternahm es der Romanichel beim Schein der Laterne aus dem Unglück zu retten, was er aus dem Wagen herausholen konnte. So brachte er in der Scheune die dicken Federbetten in Sicherheit, die den Menschen seines Volkes als Lagerstätte dienen, das Brot, das Salz, den niedrigen Tisch, seinen ganzen Schatz.

Das dauerte lange. Als er fertig war, trat der Zigeuner in den einzigen Wohnraum des Bauernhauses ein, um sich ein wenig zu wärmen. Vor dem Herd saß die Bäuerin. Sie hielt in den Armen ein in Windeln gewickeltes Kind, von dem nur das Gesicht herausschaute, friedlich und rosig.

„Sie haben ein sehr schönes kleines Kind", sagte er. „Ich wünschte wohl, dass das unsere ihm ähnlich wäre."

Die Bäuerin lächelte. „Aber es ist ja das Ihre", antwortete sie.

Während der Romanichel von seinem Wagen ablud, hatte man seine Frau, die am Ende ihrer Kräfte war, auf einem Zufallsbett untergebracht. Und dort hatte sie das Kind, das sie erwartete, zur Welt gebracht.

Nun hört gut zu! Dieser Bauernhof von Cordemais war weder groß noch reich. Es war eins jener starken bretonischen Häuser, in denen nur ein hölzerner Türflügel die Behausung der Menschen von der der Tiere trennt, deren Köpfe man durch ovale Öffnungen durchkommen sieht. Und auf der anderen Seite hatte man die Zigeunerin auf frisches Stroh legen müssen.

Das Kind der Landstraße und des Windes war an diesem 24. Dezember 1913 in einem Stall geboren worden! Um das Neugeborene herum fehlten weder der Esel noch der Ochse noch die Schafe von einst. Einige Ziegen waren ihm sogar zum Überfluss noch gegeben worden.

Als der Zigeuner seine Freude genügend geäußert, den Himmel gelobt und seine Frau umarmt hatte, näherte sich ihm der Bauer und sagte zu ihm: „Es ist schon nach elf. Meine Frau und ich gehen zur Mitternachtsmesse. Wir vertrauen Ihnen das Haus an. Machen Sie also, als wären Sie zu Hause."

Sein Haus einem Zigeuner anzuvertrauen! Er musste wohl ein guter Christ sein, und die Gnade dieser Nacht musste ihn tief angerührt haben. Wie viele unter uns hätten es getan? Aber er tat es, und er behielt Recht. Nur hatten seine Frau und er, sobald sie in der Kirche angekommen waren, keine Ruhe, bis sie dem Pfarrer alles erzählt hatten.

„Meine Freunde", murmelte der Geistliche, „das ist ja eine wunderbare Geschichte, die uns diese Nacht passiert."

Und als der Augenblick gekommen war, um auf die Kanzel zu steigen, verzichtete der Herr Pfarrer auf die seit langer Zeit vorbereitete Predigt und teilte seinen Pfarrkindern die Geschichte mit, die ihr schon kennt.

„Meine Brüder", schloss er, „ein Kind ist uns diese Nacht geboren worden. Geht daher morgen früh, es zu begrüßen, und bringt ihm eure Geschenke."

Er wurde gehört.

Am nächsten Morgen, kaum dass die Kühe aufgewacht waren, zogen alle Christenmenschen aus Cordemais (das heißt ungefähr das ganze Dorf) in den bescheidenen Stall. Die einen brachten ein Hühnchen, die anderen gestickte Wäsche, wieder andere eine Flasche ihres besten Weins. Die Zigeuner wussten nicht, wie sie danken sollten. Es bedurfte dessen nicht, so glücklich waren die Leute, geben zu können, und fanden Freude daran, gut zu sein.

Schließlich erschien auch der Dorfschulze. Weder Dorfschulzen noch Bürgermeister noch Gendarmen sind die Freunde der Zigeuner. Aber dieser Tag war nicht wie andere. Den Romanichels, die überall gehetzt und nirgend zu Hause sind, bot der Schulze von Cordemais an, sich im Dorf niederzulassen. Man bot ihnen eine Heimat, man machte sie zu Dorfbewohnern, wie alle anderen es auch waren.

Dies Geschenk war das schönste, aber die Fremden konnten es nicht annehmen. Ein Zugvogel ist kein Standvogel. Als Zirkusartisten verdienten meine Zigeuner ihr Brot von einer Station zur anderen. Wie sollte man von Seiltanzen und Purzelbäumen in einem Dorf der Bretagne leben, noch dazu im Winter?

Sie blieben nur vierzehn Tage in Cordemais. Der Pfarrer taufte den Neugeborenen, der selbstverständlich den Vornamen Noël (Weihnachten) erhielt.

Noël Laroche ist heute sechsundvierzig Jahre alt. Er ist ein Zigeunerhäuptling von guter Art, einer von denen, die das fahrende Volk zu einer weniger düsteren Zukunft leiten. Wenn sein Wanderweg ihn in die Gegend von Nantes führt, so verfehlt er nie, mit seinem ganzen Stamm einen Umweg zu machen nach Cordemais, diesem kleinen französischen Dörfchen, das bei einem Stall die seltsame und schönste Weihnacht von einst erlebte.

Dino Buzzati

Die Nacht des 24. Dezember

Düster ist der alte Bischofspalast, der Sapeter tropft aus seinen Mauern, und in den Winternächten darin zu verweilen ist eine Qual. Und die Kathedrale daneben ist gewaltig groß, ein Leben reicht nicht aus, um sie ganz zu durchwandern, und es gibt darin ein solches Gewirr von Kapellen und Sakristeien, dass einige nach jahrhundertelanger Verlassenheit noch fast unerforscht sind.

Was wird – so fragt man sich – der abgezehrte Erzbischof am Weihnachtsabend ganz allein tun, wenn die Stadt das Fest begeht? Wie wird er der Schwermut Herr werden? Alle haben einen Trost: das Kind hat die Eisenbahn und den Kasperle, das Schwesterchen hat die Puppe, die Mutter hat die Kinder um sich, der Kranke hat eine neue Hoffnung, der alte Junggeselle hat den Gefährten seiner Zerstreuungen, der Häftling die Stimme eines andern aus der Nachbarzelle – was aber wird der Erzbischof tun?

Don Valentino, der diensteifrige Sekretär Seiner Exzellenz, lächelte, wenn er die Leute so reden hörte. Der Erzbischof hat Gott am Weihnachtsabend.

Wenn er mutterseelenallein inmitten der eisigen, leeren Kathedrale kniet, könnte er auf den ersten Blick fast Mitleid erwecken. Aber wenn die Leute wüssten! Mutterseelenallein ist er nicht, und er friert nicht einmal und fühlt sich nicht verlassen. Am Weihnachtsabend schwebt Gott im Tempel für den Erzbischof, und die Kirchenschiffe quellen buchstäblich von Gott über, und die Türen können sich nur mühsam schließen.

So ist der Dom an jenem Abend: überströmend von Gott. Und obwohl Don Valentino wusste, dass es nicht seines Amtes war, hielt er sich doch gar zu gerne damit auf, einen Platz für den Betstuhl des Kirchenfürsten zu suchen. Das war freilich etwas anderes als Weihnachtsbäume, Truthühner und Schaumwein. Das war sein Weihnachtsabend. Aber mitten in diesen Gedanken hörte er es an der Tür klopfen.

„Wer klopft am Weihnachtsabend an die Domtür?“, fragte sich Don Valentino. „Haben die Leute noch nicht genug gebetet? Was für eine Sucht hat sie ergriffen?“

Mit diesen Worten ging er öffnen, und mit einem Windstoß trat ein armer, zerlumpter Mann herein.

„Wie viel von Gott ist hier!“, rief er lächelnd aus und sah sich um. „Wie viel Schönheit! Man spürt es sogar von draußen. Monsignore, könnten Sie mir nicht ein wenig davon abgeben? Denken Sie, es ist der Heilige Abend.“

„Das gehört Seiner Exzellenz dem Erzbischof“, antwortete der Priester. „Er braucht es in wenigen Stunden. Seine Exzellenz lebt schon wie ein Heiliger, du wirst doch nicht verlangen, dass er jetzt auch noch auf Gott verzichtet! Und außerdem bin ich niemals Monsignore gewesen.“

„Und auch nicht ein kleines bisschen könnten Sie mir geben, Hochwürden? Es ist so viel davon da! Seine Exzellenz würden es gar nicht einmal merken!“

„Nein, habe ich gesagt . . . Du kannst gehen . . . Der Dom ist für die Allgemeinheit geschlossen“, und er geleitete den Armen mit einem Fünf-Lire-Schein hinaus.

Aber als der Unglückliche aus der Kirche hinausging, verschwand im gleichen Augenblick auch Gott. Bestürzt schaute sich Don Valentino um und forschte in den dunklen Gewölben: Selbst da oben war Gott nicht mehr. Dieser prächtige Apparat von Säulen, Statuen, Baldachinen, Altären, Katafalken, Leuchtern und Drapierungen, sonst immer so geheimnisvoll und mächtig, war unversehens düster und ungastlich geworden. Und in ein paar Stunden sollte der Erzbischof kommen!

In höchster Erregung öffnete Don Valentino eine der äußeren Pforten und blickte auf den Platz. Nichts. Auch draußen keine Spur von Gott, wiewohl es Weihnachten war. Aus den tausend erleuchteten Fenstern kam das Echo von Gelächter, zerbrochenen Gläsern, Musik und sogar von Flüchen. Keine Glocken, keine Lieder. Don Valentino ging in die Nacht hinaus, schritt durch die unheiligen Straßen, die von dem Lärm hemmungsloser Gelage widerhallten. Aber er wusste die rechte Anschrift. Als er in das Haus trat, setzte sich die befreundete Familie gerade zu Tisch. Alle sahen einander wohlwollend an, und um sie herum war ein wenig von Gott.

„Frohe Weihnachten, Hochwürden", sagte der Vater. „Wollen Sie nicht unser Gast sein?"

„Ich habe Eile, ihr Freunde", antwortete er. „Durch eine Unachtsamkeit meinerseits hat Gott den Dom verlassen, und Seine Exzellenz kommt gleich zum Gebet. Könnt ihr mir nicht euren Herrgott geben? Ihr seid ja in Gesellschaft und braucht ihn ja nicht so unbedingt."

„Mein lieber Don Valentino", sagte der Familienvater, „Sie vergessen, möchte ich sagen, dass heute Weihnachten ist. Gerade heute sollten meine Kinder ohne Gott auskommen? Ich wundere mich, Don Valentino." Und im gleichen Augenblick, in dem der Mann so sprach, schlüpfte Gott aus dem Hause, das freundliche Lächeln erlosch, und der Truthahnbraten war wie Sand zwischen den Zähnen.

Und wieder hinaus in die Nacht und durch die verlassenen Straßen. Don Valentino lief und lief und erblickte Ihn schließlich von neuem. Er war bis an die Tore der Stadt gekommen, und vor ihm breitete sich in der Dunkelheit, leicht im Schneegewande schimmernd, das weite Land. Über den Wiesen und den Zeilen der Maulbeerbäume schwebte Gott, als wartete Er. Don Valentino sank in die Knie.

„Aber was machen Sie, Hochwürden?", fragte ihn ein Bauer. „Wollen Sie sich in dieser Kälte eine Krankheit holen?"

„Schau da unten, mein Sohn! Siehst du nicht?“

Der Bauer blickte ohne Erstaunen dahin.

„Das ist unser“, sagte er. „Jede Weihnacht kommt Er, um unsere Felder zu segnen.“

„Höre“, sagte der Priester, „könntest du mir nicht ein wenig davon geben? Wir sind in der Stadt ohne Gott geblieben, sogar die Kirchen sind leer. Gib mir ein wenig davon ab, damit wenigstens der Erzbischof ein anständiges Weihnachten feiern kann.“

„Fällt mir nicht im Traume ein, Ihr lieben Hochwürden! Wer weiß, was für ekelhafte Sünde Ihr in der Stadt begangen habt. Das ist Eure Schuld. Seht allein zu.“

„Gewiss, es ist gesündigt worden. Und wer sündigt nicht? Aber du kannst viele Seelen retten, mein Sohn, wenn du mir nur ja sagst.“

„Ich habe genug mit der Rettung der meinigen zu tun!“, sagte der Bauer mit höhnischem Lachen, und im gleichen Augenblick hob sich Gott von seinen Feldern und verschwand im Dunkel.

Und Don Valentino ging weiter und suchte. Gott schien seltener zu werden, und wer ein bisschen davon besaß, wollte nichts hergeben (aber im gleichen Augenblick, da er mit Nein antwortete, verschwand Gott und entfernte sich immer weiter). Endlich stand Don Valentino am Rande einer grenzenlosen Heide, und in der Ferne am Horizont leuchtete Gott sanft wie eine längliche Wolke. Der Priester warf sich in den Schnee auf die Knie.

„Warte auf mich, o Herr“, bat er, „durch meine Schuld ist der Erzbischof heute allein geblieben.“

Seine Füße waren zu Eis erstarrt, er lief im Schnee weiter und sank bis ans Knie ein, und alle Augenblicke fiel er der Länge nach hin. Wie lange konnte er es noch aushalten?

Endlich vernahm er einen großen, leidenschaftlichen Chor von Engelsstimmen, ein Lichtstrahl brach durch den Nebel.

Er öffnete ein hölzernes Türchen, es war eine riesige Kirche, und in ihrer Mitte betete ein Priester zwischen einigen Lichtern. Und die Kirche war voll des Paradieses.

„Bruder“, seufzte Don Valentino, am Ende seiner Kräfte und mit Eisnadeln bedeckt, „habe Mitleid mit mir. Mein Erzbischof ist durch meine Schuld allein geblieben und braucht Gott. Gib mir ein bisschen von Ihm, ich bitte dich.“

Langsam wandte sich der Betende um. Und Don Valentino wurde, als er ihn erkannte, fast noch bleicher, als er ohnedies war.

„Ein gesegnetes Weihnachten dir, Don Valentino“, rief der Erzbischof aus und kam ihm entgegen, ganz von Gott umgeben. „Aber Junge, wo bist du nur hingelaufen? Was hast du um Himmels willen in dieser bärenkalten Nacht draußen gesucht?“

Kurt Arnold Findeisen

Das Bornkindel bei den Bergleuten*

Als Josef und Maria mit dem Kinde und dem Eselein vor den Kriegsknechten fliehen mussten, kamen sie auch ins Erzgebirge.

Das war damals noch eine arg wüste Gegend: viel Wald, wenig Menschen, keine Krume Ackerland. Nur hier und da saßen auf Hügeln kleine braune, spitze Türme wie Räucherkerzen. Das waren die Kauen und Zechhäuser, unter denen, Maulwürfen gleich, Berghäuer in den Bauch der Erde krochen und mit Schlägel und Eisen nach gediegenem Silber wühlten.

Zu der Stunde, da die Flüchtenden gezogen kamen, war auch von den Kauen nicht viel zu sehen, oder sie hockten da wie Salzhäuflein, denn es war alles tief verschneit. Das Eselein schnaufte missmutig, und Josef machte Stapfen wie ein Tanzbär. Er brummte. Nur Maria saß mild in ihrem wollenen Tuche und blickte lächelnd auf ihr Kind. Das schlief.

Ein Tag, der gar kein richtiger Tag gewesen war, ging zur Neige. Es fielen Flocken, und der Himmel bog sich vor Schnee.

Bald aber hing am Himmel nur noch schwarze Finsternis, und wenn der Schnee nicht ein wenig geblendet hätte, hätten sie nicht die Hand vor Augen sehen können. Josef brummte nicht mehr, er schimpfte. Was das hier für eine mordsmäßige Beleuchtung wäre und überhaupt was für eine Gegend! Maria musste ihm gut zureden, damit er das Kind nicht auf-

* „Bornkindel" ist im Erzgebirge der Name für das Jesuskind.

weckte. So mühten sie sich weiter, Schritt für Schritt. Sie kamen an kein Haus und an keinen Feuerschein. Die Finsternis war jetzt dick wie eine schwarze Wand. Ja, wenn sie ihre helle Laterne gehabt hätten! Der aber war schon in der Nacht vorher das Öl ausgegangen. Es war eine traurige Wallfahrt!

Plötzlich machte das Eselein einen Satz, fiel in die Knie, und Mutter und Kind lagen im Schnee. Josef aber stand und wetterte wie ein Bürstenbinder. Natürlich wurde das Büblein davon wach. Als es die Augen aufschlug und nichts als Dunkel und Kälte spürte, dazu Flocken, die ihm spitz gegen die Wangen tippten, fing es an zu weinen und wollte sich nicht trösten lassen. Es bebte vor Furcht und Schreck. Und sein Weinen schnitt durch die Nacht wie eine Sichel.

Auch der Mutter quollen jetzt die Tränen. Josef fuhrwerkte eine Weile mit dem Eselein herum, das keine Miene machte aufzustehen. Am Ende war er ganz heiser und riss sich den halben Bart aus vor Zorn. Nachher duckten sich die drei, ein Häuflein Elend, im rieselnden Schnee zusammen, und Nacht und Kälte und Dunkel deckten sie zu.

Auf einmal war es, als glühe in der Ferne ein Sternchen auf, ein Sternchen, das ein wenig hüpfte und sprang. Näher und näher kam das hüpfende Sternchen, wahrlich, es kam auf sie zu. Und als es dicht bei ihnen war, siehe, da war es ein Bergmann, der seine Grubenblende vorn am Gürtel trug. Und mehr und mehr solcher Sternchen kamen zuhauf, Laterne an Laterne: Bergknappen und Häuer, die in der ersten Morgenstunde zur Schicht gingen!

Da versiegten den Eltern die Tränen. Da jauchzte das Kind auf und patschte mit den Händen nach dem guten Lichte. Da schob sich das Eselein empor und schnupperte.

Die bärtigen Knappen aber starrten mit offenen Mündern auf die drei seltsamen Gäste der Nacht: Was für ein beschneiter Zottelbart! Was für ein verfrorenes Mütterchen! Was für ein liebliches Kind!

Sie nickten einander zu, nahmen die Fremden bei der Hand und geleiteten sie vorsichtig in ihr Zechenhaus. Holla, was für wunderliches Geleucht warfen ihre Blenden in den Schnee! Das Kindlein zappelte im Mutterarm. Sein Lachen schwirrte durch den Frost der Nacht wie eine Frühlingslerche.

Jahre nachher haben die Knappen noch das Lachen gehört. Nachher wussten sie auch, wer die Frau und der Mann und wer das Kind gewesen. Sie lebten von der Erinnerung und wurden stolz und fromm dabei.

Sie badeten sich im Widerschein des Kindes, je älter sie wurden, und gaben an ihre Enkel die Botschaft des Glanzes weiter. Sie schnitzelten mit ihren Grubenmessern das Englein aus Holz, damit es nie vergehen möchte, und stellten es in ihren Stuben auf. Und weil es ihre Blenden gewesen waren, denen das Kind entgegengejauchzt hatte, schnitzten sie auch Bergleute dazu, gaben ihnen Lichter in die Hände und stellten sie daneben.

So stehen heute noch Bergleute und Engel aus Holz, Kerzen tragend, in jedem Haus des Gebirges zur Weihnachtszeit. Und wer tief in sich geht, der kann ein Kind durch das Flämmchenflackern hindurch silbern lachen hören.

Siegbert Stehmann

Der Stern

Zählten wir die Sterne je,
zahllos wie der weiße Schnee,
maßen Sonne oder Mond
und was sonst im Lichte wohnt?

Was denn, dass Du sein gedenkst,
ist der Mensch, dem Du Dich schenkst?
Deine Sterne wandeln groß
über Mensch und Menschenlos.

Weise, die gen Himmel sehn,
können diese Spur verstehn,
folgen dem gesandten Stern
bis zur Krippe unsres Herrn.

Überm armen Dach und Stall
weilt der Stern im Niederfall,
kündet, was kein Geist ermisst,
dass Gott gegenwärtig ist!

Seht es, Hirten! Sieh es, Welt!
Offen ist das Himmelszelt,
und das Heil geht durch den Schein
stiller Sterne zu uns ein.

Gottes Sohn erfüllt die Zeit.
Zwar: der Weg ist schwer und weit,
doch auf einer Straße sind
Glaube, Stern und Menschenkind.

Quellenangaben

Marie Hamsun, Der Stern der Weisen, aus: Dies., Die Langerudkinder, Paul List Verlag, München

Reinhold Schneider, Tröstliche Kindheit, aus: Ders., Das Erbe im Feuer, Verlag Herder, Freiburg 1946

Rudolf Alexander Schröder, Weihnacht, aus: Die Gedichte. © Suhrkamp Verlag, Frankfurt/M. 1952

Johannes Urzidil, Der Schattenspieler, aus: Ders., Magische Texte (Elefantenblatt), © Edition Meyster in der F.A. Herbig Verlagsbuchhandlung, München

Josef Reding, Mister Larrybees Leuchtturm, © Josef Reding, Dortmund

Brief aus Stalingrad, Abendmahl Weihnachten 1942, aus: Letzte Briefe aus Stalingrad, © 1950 Quadriga Verlags AG, Frankfurt M./Heidelberg

Gottfried Unterdörfer, Dem Hochhaus gegenüber, aus: Ders., Weltreise in das Lange Holz, Union Verlag

Hans Lipinsky-Gottersdorf, Stern der Unglücklichen: Rechte beim Autor

Phil Bosmans, Ein einziges Wort, aus: Vergiss die Liebe nicht: Leben mit dem unglaublichen Gott. Verlag Herder, Freiburg, 8. Gesamtauflage 1998

Dieter Stork, Ankunft, aus: Ders., Eines Menschen Sohn, Luther Verlag, Bielefeld 1999

Rudolf Otto Wiemer, Licht aller Welt. © J.F. Steinkopf Verlag, Stuttgart/Kiel

Manfred Hausmann, Martin entdeckt den Weihnachtsstern, aus: Ders., Martin, Isabel, Andreas, © 1973 C. Bertelsmann Verlag, München

Walter Benjamin, Ein Weihnachtsengel, aus: Berliner Kindheit um 1900, © Suhrkamp Verlag, Frankfurt 1987

Christine Busta, Was ich dir zum Advent schenken möchte, aus:

Dies., Inmitten aller Vergänglichkeit,
© Otto Müller Verlag, Salzburg 1998
John Nilsson, Irrfahrt im Schnee, aus: Das Kind aus den Schneebergen. Skandinavische Weihnachtsgeschichten.
Hg. von Klaus Möllman, EVA 1977
Bertolt Brecht, Das Paket des lieben Gottes, aus: Werke. Große Kommentierte Berliner und Frankfurter Ausgabe, Band 19,
© Suhrkamp Verlag 1997.
Maurice Cènelon, Weihnachten in Cordemais, aus: Das Mädchen aus Amsterdam. Weihnachtserzählungen, EVA Berlin 1982.
Aus dem Französischen von Adelgard Lezius.
Dino Buzzati, Die Nacht des 24. Dezember, Rechte beim Autor.
Deutsch von Rudolf Hagelstange
Kurt Arnold Findeisen, Das Bornkindel bei den Bergleuten aus: Das goldene Weihnachtsbuch, EVA Berlin 1950
Siegbert Stehmann, Der Stern, mit freundlicher Genehmigung von Elfriede Veit-Stehmann, Laatzen.
Siegbert Stehmann gehörte wie Rudolf Alexander Schröder, Reinhold Schneider, Jochen Klepper, Ricarda Huch dem Eckart-Kreis an, der – 1933 von Kurt Ihlenfeld gegründet – über alle Jahre hin ein geistiges Zentrum gegen den Nationalsozialismus war.

Verlag und Herausgeberin danken allen Verlagen, Autoren und deren Rechtsnachfolgern für die freundliche Genehmigung zur Veröffentlichung der Beiträge. Leider war es nicht in allen Fällen möglich, die genauen Quellen und Rechteinhaber ausfindig zu machen.
Der Verlag dankt für Hinweise.

Ursula Koch

Nur ein Leuchten dann und wann

Annette von Droste-Hülshoff – Biografischer Roman

160 Seiten. Fester Einband
Bestell-Nr. 3-7655-1685-6

Annette von Droste-Hülshoff gilt als die bedeutendste deutsche Dichterin des 19. Jahrhunderts. Doch wer war dieses Edelfräulein aus altem, westfälischen Adelsgeschlecht, das sich gegen alle starre Tradition seinen eigenen Weg erkämpfte?
Sie schrieb Gedichte, statt sich mit Handarbeit zu beschäftigen. Sie pflegte Alte und Kranke im Familienkreis und sehnte sich selbst oft vergeblich nach menschlicher Wärme und Liebe.
Ursula Koch erzählt nach eingehendem Quellenstudium den Lebensweg dieser außergewöhnlichen Frau.